INSETOS

Jô Bilac
para a Cia. dos Atores

INSETOS

Adaptado por Rodrigo Portella
e Cia. dos Atores

SUMÁRIO

Insetos, por Jô Bilac   7

INSETOS   11

Perspectivas para uma polifonia,
por Rodrigo Portella   167

Insetos, Cia. dos Atores, por Ruy Filho   171

Breve relato dos 30 anos da Cia. dos Atores   177

Insetos

Pra falar de *Insetos*, preciso voltar três anos, quando dei início a uma pesquisa dramatúrgica pessoal. Sempre curti entender meu processo de escrita através de desafios que me deslocassem de um lugar-comum/terreno conhecido para ampliar o olhar dentro de mim mesmo. Não faço análise, não tenho religião, então compreendo meu ofício como uma oportunidade de "dar meus pulos", nessa tentativa de elaboração da existência dentro de um sistema complexo social e biológico.

Assim, me propus escrever por três anos personagens que não fossem humanos, não exatamente como metáfora, mas principalmente como uma forma de distanciamento/análise filosófica e orgânica do humano.

Comecei por *Kama sutra*, texto que fazia parte do espetáculo *Fatal*, um tríptico que tinha a paixão como fio condutor da dramaturgia escrita por mim, Marcia Zanelatto e Pedro Kosovski. Na minha parte do texto, abordei a paixão pela perspectiva dos deuses indianos, Kamadeva (deus do amor) e Rati (deusa da paixão). Figuras míticas que povoavam meu imaginário desde a infância, na compreensão do além-humano na transcendência ancestral. Percebi logo no começo que seria uma longa jornada para "descolonizar" o pensamento e me permitir desconstruir minha própria lógica de escrita/sinapses/grafia/conteúdo e forma.

E de lá pra cá escrevi: *Flor carnívora* (numa ocupação de plantas no Rio Diversidade, para falar de diversidade sexual), *Arara vermelha* (para a performance animal de Fabíola Nascimento em *5X Comédia*, um deboche ridicularizando fascistas), *Enterro dos ossos* (dilemas de um Cristo redentor, de uma bactéria e de um asteroide, sobre finitude e eternidade), *Medusa SP* (fluxo de pensamento de um banheiro, questionando a ordem das coisas na tentativa de meditação em um grande centro urbano), *Reforma Política* (um papo reto da noiva Reforma Política pro noivo Sistema Político, num casamento que nunca sai, encenado por Tatiana de Lima, em São Paulo) e por fim *Insetos*, proposta que lancei pra Cia. dos Atores, que topou essa loucura no ato.

Me pareceu bom ter começado pela grandiosidade dos deuses e fazer o caminho até chegar nos minúsculos insetos. Olhar pra baixo, o micro/macro. Em *Conselho de classe*, nossa parceria se deu por meio de um recorte com estrutura aristotélica, linear, em tempo corrido. *Insetos* tem a proposta de transgredir essa ordem.

São quadros sem costura, discursos em fluxo, que não necessariamente se interligam em sequência. Como peças de um mosaico, a parte *versus* o todo. Analogias atravessadas pelo momento político mundial. O instinto/o bicho revelando que, mesmo depois de tantos avanços tecnológicos e acadêmicos, continuamos respondendo à mesma máxima animal: o instinto de sobrevivência. O medo, nossa autodefesa instintiva do que é perigoso. E a manipulação desse medo, como um jogo de poder em que os corpos representam a forma física do domínio. Dominar um corpo é dominar uma potência, muito maior que qualquer outra. Domínio de gênero, religioso, econômico, étnico, cultural... que sugerem uma diferenciação de um ser vivo do outro, ignorando, na verdade, que todos nós nascemos nus, ensanguentados, gritando, e que iremos, fatalmente/finalmente, morrer independentemente de credo, cor, classe social, gênero.

Insetos vem justamente dessa minha inquietação a respeito dessa disputa de narrativas que sempre imperou na história da humanidade. Eu, que sempre fui avesso a terceirizar minhas narrativas, deixar que outros determinem o enredo da minha trama, encontro em insetos uma estratégia de questionar/transgredir/e me perguntar: quem falou? Onde tá escrito? Que narrativa é essa social/cultural a que estamos submetidos e imersos a ponto de não estranhá-las nem se espantar com elas?

Muitos insetos foram escritos, perdi a conta, deixando para a Cia. dos Atores e Rodrigo Portella a escolha de trazer à luz aqueles que representariam o discurso do grupo. Assim veio a minha provocação para a Cia.: eu, como autor negro, em um grupo de brancos. Eu, homem, dentro de um grupo de homens com uma única mulher. Classe média/classe alta. Héteros/gays. Jovens/maduros. Está claro o que nos diferencia. Por conta disso mesmo, esse trabalho tem a ver com o que nos aproxima. O que nos faz estar no mesmo balaio dessa vida em fluxo absurdo e imprevisível.

Jô Bilac

INSETOS

de **Jô Bilac**
para a Cia. dos Atores

Insetos estreou no dia 22 de março de 2018, no Centro Cultural Banco do Brasil, no Rio de Janeiro.

Texto original
Jô Bilac

Adaptação
Rodrigo Portella e Cia. dos Atores

Direção
Rodrigo Portella

Elenco
Cesar Augusto
Gustavo Gasparani
Marcelo Olinto
Marcelo Valle
Susana Ribeiro

Stand-in
Tairone Vale

Cenário
Beli Araújo e Cesar Augusto

Figurino
Marcelo Olinto

Iluminação
Maneco Quinderé

Direção musical
Marcello H.

Direção corporal
Andrea Jabor

Visagismo
Marcio Mello

Cenógrafa-assistente
Marieta Spada

Adaptação iluminação
Rodrigo Portella

Design de som
Diogo Perdigão

Arranjo ("Money, Money")
Marcelo Alonso Neves

Programação visual
Radiográfico

Direção de palco
Wallace Lima

Assessoria de imprensa
Morente Forte Comunicações (São Paulo)
Paula Catunda (Rio de Janeiro)

Assessor de mídias sociais
Rafael Teixeira

Fotógrafa
Elisa Mendes

Assistente de direção
João Gofman

Assistente de figurino
Rodrigo Reinoso

Assistente de preparação corporal
Rodrigo Maia

Tingimentos
Almir França

Grafismo têxtil
Sandro Vieira

Coordenação financeira
Amanda Cezarina

Produção executiva
Bárbara Montes Claros

Direção de produção e administração
Celso Lemos

Realização
Cia. dos Atores

Este livro apresenta, de um lado, à direita, a história original de *Insetos*, escrita por Jô Bilac, e do outro, à esquerda, a adaptação feita por Rodrigo Portella e a Cia. dos Atores para o palco. Pelas páginas dos dois textos, o leitor poderá acompanhar o movimento dos bichos. E notará que uns ficam parados no mesmo lugar, outros voam para longe, e outros, ainda, pousam logo ali, algumas páginas adiante.

N.E.: Para esta leitura, não é recomendado o uso de repelente.

Anoitece. Uma floresta de pinheiros, neve fina que vai deixando tudo branco.

LEGENDA 1: CIGARRA

Cigarra canta "Janelas abertas n. 2".

> Sim, eu poderia abrir as portas que dão pra dentro
> Percorrer correndo os corredores em silêncio…

A Cigarra cai morta no meio, coberta pela neve.

LEGENDA 2: GAFANHOTOS

Sol intenso. Uma praia paradisíaca. Um casal de gafanhotos deitado em espreguiçadeiras típicas de clube de luxo. Imóveis, usam óculos escuros, pele esturricada, ele fuma, ela bebe gim. O calor deturpa tudo. Depois de um longo silêncio. As falas podem ser ditas ou simplesmente projetadas.

ELE: Isso que é vida.

1. CIGARRA

OFF (DISQUINHO INFANTIL): Anoitece. Uma floresta de pinheiros, neve fina que vai deixando tudo branco.

CIGARRA: [*Cigarra canta "Janelas abertas n.2"*]
Sim, eu poderia abrir as portas que dão pra dentro
Percorrer correndo os corredores em silêncio...

A Cigarra cai morta no meio, coberta pela neve.

2. GAFANHOTOS

Sol intenso. Uma praia paradisíaca. Um casal de gafanhotos deitado em espreguiçadeiras típicas de clube de luxo. Imóveis, usam óculos escuros, pele esturricada, ele fuma, ela bebe gim. O calor deturpa tudo. Depois de um longo silêncio.

(As falas podem ser ditas ou simplesmente projetadas)

ELE: Isso que é vida.

ELA: Humrum...

Tempo.

ELE: Reserva/açude/mata/morro/praia/nascente/bosque/falésias/rio/areia/terra/ barro/folha/palha/: futuro/paraíso tem preço/temporada/lotado. Vou destruir isso tudo.

ELA: Caaaalma...

Tempo.

ELE: Tá certo. Espera o verão passar. Heliporto/bangalôs/pousada/*drink*/camping/*peeling*/shopping/*golf*/sauna/tênis/hidro/gps/*wifi*/débito/crédito/buffet/*gourmet*/padê/md/ofurô/ioga/e Netflix – beira-mar.

Tempo.

ELE: Não vai dizer nada?

ELA: Você já sabe o que eu penso.

ELE: *Bunker.*

ELA: *Bunker.*

ELE: Ficar debaixo da terra com tudo isso aqui esperando por nós?

ELA: ... o futuro não é feito de *resorts*.

ELE: Não concordo...

ELA: Humrumossega...

Tempo.

ELE: Reserva/açude/mata/morro/praia/nascente/bosque/falésias/rio/areia/terra/ barro/folha/palha: futuro/paraíso tem preço/temporada/lotado. Vou destruir isso tudo.

ELA: Caaaalma, Gafanhoto...

Tempo.

ELE: Tá certo. Espera o verão passar. Heliporto/bangalôs/pousada/*drink*/camping/*peeling*/shopping/golfe/sauna/tênis/hidro/gps/*wifi*/débito/crédito/buffet/*gourmet*/padê/md/ofurô/ioga/ e Netflix – beira-mar.

Tempo. Som de helicóptero.

ELE: Não vai dizer nada?

ELA: Você já sabe o que eu penso.

ELE: *Bunker.*

ELA: *Bunker.*

ELE: Ficar debaixo da terra com tudo isso aqui esperando por nós?

ELA: ... o futuro não é feito de *resorts*.

ELE: Não concordo...

ELA: Então é isso/ vai lá/ destrói tudo. Traz mais gim quando voltar.

Tempo.

ELE: *Bunker* pra quê? O mundo não vai entrar em guerra.

ELA: O mundo já está em guerra. Não reparou?

ELE: Ts...

ELA: E as cigarras?

ELE: Que tem as cigarras?

ELA: Morreu a última ontem.

ELE: Devem ter se escondido debaixo da terra, elas fazem isso há anos...

ELA: Tá tudo estranho... como uma tempestade se armando pra desabar sem freio...

ELE: Não concordo.

ELA: E as abelhas?

ELE: Sei lá, porra.

ELA: Pois é...

Tempo.

ELE: Você acha que elas...?

ELA: Humrum...

ELE: Sem avisar?

ELA: Então é isso, vai lá, destrói tudo. Traz mais gim quando voltar.

Tempo.

ELE: *Bunker* pra quê? O mundo não vai entrar em guerra.

ELA: O mundo já está em guerra. Não reparou?

ELE: Ts...

ELA: E as cigarras?

ELE: Que tem as cigarras?

ELA: Morreu a última ontem. Despencou seca de um pinheiro.

ELE: Devem ter se escondido debaixo da terra, elas fazem isso há anos...

ELA: Tá tudo estranho... como uma tempestade se armando pra desabar sem freio...

ELE: Não concordo.

ELA: E as abelhas?

ELE: Sei lá, porra.

ELA: Pois é, Gafanhoto...

Tempo.

ELE: Você acha que elas...?

ELA: Humrum...

ELE: Sem avisar?

ELA: As abelhas nunca avisam. Vão embora e pronto. Quando morre a última cigarra, esse é o sinal pra elas.

ELE: Filhas da puta egoístas.

ELA: Hedonista?

ELE: Egoísta!

ELA: Meu sonho...

ELE: Você já é as duas coisas, não se preocupe.

ELA: Queria ser como as abelhas, formigas... qualquer coisa com instinto de guardar.

ELE: [*ri amargo*] Você? Trabalhando feito abelha? Formiga? Tá é bom...

ELA: ... não te angustia?

ELE: O quê?

ELA: Não guardar. Consumir. Como se não houvesse amanhã... Me dá um vazio, um oco. Isso não te aflige?

ELE: A gente é pro que nasce. A natureza nos fez assim. A vida é muito curta. Guardar pra quê?

ELA: Pra ter quando acabar.

ELE: Não vai acabar.

ELA: Já acabou, amor. Sem as abelhas você sabe o que acontece com o resto de nós.

ELE: E o meu *resort*?

ELA: É tudo escombro. Só questão de tempo. Sangue/morte/miséria/horror/peste/praga/fome/raiva/tiro/porrada e bomba.

ELA: As abelhas nunca avisam. Vão embora e pronto. Quando morre a última cigarra, esse é o sinal pra elas.

ELE: Filhas da puta egoístas.

ELA: Hedonista?

ELE: Egoísta!

ELA: Meu sonho...

ELE: Você já é as duas coisas, não se preocupe.

ELA: Queria ser como as abelhas, formigas... qualquer coisa com instinto de guardar.

ELE: [*ri amargo*] Você? Trabalhando feito abelha? Formiga? Tá é bom...

ELA: ... não te angustia?

ELE: O quê?

ELA: Não guardar. Consumir. Como se não houvesse amanhã... Me dá um vazio, um oco. Isso não te aflige?

ELE: A gente é pro que nasce. A natureza nos fez assim. A vida é muito curta. Guardar pra quê?

ELA: Pra ter quando acabar.

ELE: Não vai acabar.

ELA: Já acabou, amor. Sem as abelhas você sabe o que acontece com o resto de nós.

ELE: E o meu *resort*?

ELA: É tudo escombro. Só questão de tempo. Sangue/morte/miséria/horror/peste/praga/fome/raiva/tiro/porrada e bomba.

ELE: E o que a gente faz?

ELA: *Bunker.*

Tempo.

ELA: E gim-tônica...

Tempo. Os dois mudam bruscamente para posição de ataque.

ELE: Ouviu?

ELA: Tá perto.

Os dois, sem se mover, em posição de ataque, olhos vidrados. Um vídeo real de um inseto grande atacando um inseto pequeno.

LEGENDA 3: BARATA

Trump entra em cena, num número musical. Sátira do número musical de Chaplin em O grande ditador, *dançando com o globo na mão. Trump sapateia e no final do número mata uma barata numa pisada. Uma barata no chão, virada de barriga pra cima, com as patas agitadas, tentando sobreviver. No chão, a seu lado, está um celular no viva-voz. A Barata conversa com a Emergência. Tenta desvirar para alcançar o celular, respira afoita, está cansada, mas não desiste.*

ELE: E o que a gente faz?

ELA: *Bunker.*

Tempo.

ELA: E gim-tônica...

Tempo. Os dois mudam bruscamente para posição de ataque.

ELE: Ouviu?

ELA: Tá perto.

ELE: As larvas?

ELA: Estão escondidas.

Os dois sem se mover, em posição de ataque, olhos vidrados.

3. BARATAS

Uma barata no chão, virada de barriga pra cima, com as patas agitadas, tentando sobreviver. No chão, ao seu lado, está um celular no viva-voz. A Barata conversa com a Emergência.

BARATA: [*tentando desvirar para alcançar o celular, respira afoita, está cansada, mas não desiste*] Parceira, tá aí?

VOZ CEL: Manda a localização!

BARATA: Tô tentando/mas tá puxado.

VOZ CEL: Ok. Onde você tá?

BARATA: No chão de um palco de teatro.

VOZ CEL: Onde?

BARATA: No centro.

VOZ CEL: Tem outras baratas com você?

BARATA: Não tô vendo.

VOZ CEL: Tirando Copacabana/o centro é o lugar que mais tem barata/não é possível! Deve ter uma aí!

BARATA: Nós somos uó/sabe disso, Marlene/pode tá vendo o outro morrer/mas não tem coragem de se meter/

VOZ CEL: Desculpa/isso é instinto de sobrevivência. Tá em tudo que é vivo/não é só barata.

BARATA: Instinto de cu é rola! Não vou ceder à cultura do medo! Não vou mesmo!

VOZ CEL: Tá falando merda/amiga/nada a ver/respira/tô tentando te rastrear.

BARATA: Não tenho medo de viver/boto a cara no sol/

VOZ CEL: Por isso taí na merda, né?

BARATA: Oi?

VOZ CEL: Tô te rastreando e/

BARATA: Não! Repete o que você falou!Como é?

VOZ CEL: Manda a localização!

BARATA: Tô tentando, mas tá puxado.

VOZ CEL: Ok. Onde você tá?

BARATA: No chão. Parece uma borracharia esta porra, mas é um teatro.

VOZ CEL: Onde?

BARATA: No chão de um palco de teatro, no centro.

VOZ CEL: Tem outras baratas com você?

BARATA: Não tô vendo.

VOZ CEL: Tirando Copacabana/o centro é o lugar que mais tem barata/não é possível! Deve ter uma aí!

BARATA: Nós somos uó/sabe disso, parceira/pode tá vendo o outro morrer/que não tem coragem de se meter/

VOZ CEL: Desculpa/isso é instinto de sobrevivência. Tá em tudo que é vivo/não é só barata.

BARATA: Instinto de sobrevivência de cu é rola! Não vou ceder à cultura do medo! Não vou mesmo!

VOZ CEL: Tá falando merda/amiga/nada a ver/respira/tô tentando te rastrear.

BARATA: Não tenho medo de viver/boto a minha cara no sol/

VOZ CEL: Por isso taí na merda, né?

BARATA: Oi?

VOZ CEL: Tô te rastreando e...

BARATA: Não! Repete o que você falou! Como é?

VOZ CEL: [*suspira saturada*] Olha, eu/

BARATA: Eu aqui pra morrer e tu jogando a culpa em mim? Tô na merda porque essa sociedade é uma merda. Sou preto e pobre/apareci, já tão jogando Raid em cima?

VOZ CEL: Olha, eu/

BARATA: Vai tomar no cu, Marlene. Qual é a sua?

VOZ CEL: Não quero discutir com você/

Uma falando por cima da outra.

VOZ CEL: Já conversamos sobre/

BARATA: Tu é cuzona/Marlene/vai passar a vida se escondendo/virando noite pra pagar o dia/

VOZ CEL: Se continuar vou desligar/respeita/não sou obrigada.

BARATA: Produto do mercado do medo! Bota a cara no sol, Marlene!

VOZ CEL: Você não tem o direito/

BARATA: Somos maioria! Empurram a gente pro esgoto/pisoteadas/e foda-se/menos uma barata no mundo/no pânico/matando/procriando/mas eu te digo uma coisa, Marlene. [*grita*] Quando a base da pirâmide se mexe, tudo que tá em cima: cai!!!!!

VOZ CEL: Já chega. Boa sorte, tchau.

BARATA: Espera/Marlene! Não desliga/espera!

VOZ CEL: [*suspira saturada*] Olha, eu/

BARATA: Eu aqui pra morrer e tu jogando a culpa em mim? Tô na merda porque essa sociedade é uma merda. Já não me enxergam/Eu apareço, vão jogando Raid, SBP, tudo em cima.

VOZ CEL: Olha, eu/

BARATA: Vai tomar no cu. Qual é a sua?

VOZ CEL: Não quero discutir com você/

Uma falando por cima da outra.

VOZ CEL: Já conversamos sobre/

BARATA: Tu é cuzona, Marlene/vai passar a vida se escondendo/virando noite pra pagar o dia/

VOZ CEL: Se continuar vou desligar/respeita/não sou obrigada.

BARATA: Produto do mercado do medo! Bota a cara no sol!

VOZ CEL: Você não tem o direito/

BARATA: Somos maioria! Empurram a gente pro esgoto/pisoteadas/e foda-se/menos uma barata no mundo/no pânico/matando/procriando/mas eu te digo uma coisa: [*grita*] Quando a base da pirâmide se mexe, tudo que tá em cima: cai!!!!!!!!

VOZ CEL: Quer saber de uma coisa?

BARATA: Quero saber de porra nenhuma.

VOZ CEL: Já chega. Boa sorte, tchau.

Sem resposta.

BARATA: Marlene?

Sem resposta.

BARATA: Desculpa. Você tá aí? Eu tô com raiva... A vida não é boa/mas dá uma merda morrer...

VOZ CEL: Você não tá morrendo.

BARATA: [*aliviada*] Marlene...

VOZ CEL: Deixa a cabeça pra fora da espuma.

BARATA: Tá.

VOZ CEL: Tem humanos aí com você?

BARATA: Tem/sim.

VOZ CEL: Quantos?

BARATA: Muitos/não sei dizer/certo...

VOZ CEL: Eles estão fazendo o quê?

BARATA: Sentados, me olhando.

VOZ CEL: Sério?

BARATA: Humrum...

VOZ CEL: Ok/calma. Não faz nenhum movimento brusco.

BARATA: Eu tô com medo, Marlene...

VOZ CEL: Calma/Sobrevivemos aos dinossauros/os humanos são bem menores.

BARATA: Espera! Não desliga/espera!

Sem resposta.

BARATA: Marlene?

Sem resposta.

BARATA: Desculpa... Você tá aí? Eu tô nervosa...

Desiste.

BARATA: Nervosa é o caralho, tô é com raiva dessa vida. A vida é uma merda/mas dá uma pena morrer...

VOZ CEL: Você não tá morrendo.

BARATA: [*aliviada*] Graças a Deus! Marlene!

VOZ CEL: Deixa a cabeça pra fora da espuma, Joyce.

BARATA: Tá.

VOZ CEL: Tem humanos aí com você?

BARATA: Tem.

VOZ CEL: Quantos?

BARATA: Muitos/não sei dizer/certo...

VOZ CEL: Eles estão fazendo o quê?

BARATA: Sentados, me olhando. Parece que vai ter um show aqui.

Fica calma/se fosse pra te esmagar/já tinham feito/humanos gostam de ver desgraça/é a cultura deles/faz parte do show/respira/você só tem que dar o que eles tão querendo/somos boas em nos fingir de mortas/respira/calma/suaviza gestos/dá uns espasmos/morte madame butterfly/lembra?/Eles querem espetáculo da morte/ver vida esvair do corpo/segundo exato último suspiro/*voyeur* do absurdo/flagra a fresta por onde escapa a alma evaporada da matéria/o instinto da vida/iguala tudo que morre. Ninguém escapa/nem o planeta, mariposa ao redor do sol/que se apagará/dentro do fluxo violento do tempo.

Mais espuma. Grito da barata.

VOZ CEL: Tá aí? Fala alguma coisa!

BARATA: [*um grunhido*]

VOZ CEL: Tô te rastreando/não apaga! Põe a cabeça pra fora! Tô no caminho! Tenta ficar acordada! Não apaga! Eu tô/

A ligação começa a falhar, até perder o sinal total. Barata vai falando, enquanto é coberta por espuma.

BARATA: [*vertiginosa, para os humanos*] O que estão olhando? Tão com nojinho? Medo? O quê? Eu posso te matar/é isso? Vou voar no seu pescoço e chupar seu sangue? Devorar sua perna ou te passar dengue? Eu tô morrendo por causa do seu medo/sendo que eu não fiz porra nenhuma pra te assustar assim/se ainda

VOZ CEL: Sério?

BARATA: Humrum...

VOZ CEL: Ok/calma. Não faz nenhum movimento brusco.

BARATA: Eu tô com medo, Marlene...

VOZ CEL: Calma/Sobrevivemos aos dinossauros/os humanos são bem menores. Fica calma/se fosse pra te esmagar/já tinham feito/humanos gostam de ver desgraça/cultura deles/faz parte do show/respira/você só tem que dar o que eles tão querendo/somos boas em nos fingir de mortas. Suaviza gestos/dá uns espasmos/morte madame butterfly/lembra?/Eles querem espetáculo da morte/ver vida esvair do corpo/segundo exato último suspiro/*voyeur* do absurdo/flagra a fresta por onde escapa a alma evaporada da matéria/que se apagará/dentro do fluxo violento do tempo.

Mais espuma. Grito de Barata. A ligação começa a falhar, até perder o sinal total.

BARATA: [*vertiginosa, para os humanos*] O que estão olhando? Tão com nojinho? Medo? O quê? Eu vou te matar/é isso? Vou voar no seu pescoço, chupar seu sangue? Devorar sua perna, te passar dengue? Eu tô morrendo por causa do seu medo/sendo que eu não fiz porra nenhuma pra te assustar assim/se ainda eu aparecesse aqui vestida de naja/ainda vá lá/mas olha pra mim/cara...

Eu sei que o teu medo não é mentira/mas sei também que tem muita mentira que se

eu aparecesse aqui vestida de naja/ainda vá lá/ mas olha pra mim/cara... Eu sei que o medo não é mentira/mas sei também que tem muita mentira que se aproveita do medo pra gerar o pânico... E a mentira do pânico é como uma barata/atravessando o salão/mesmo que sozinha/capaz de tremer a festa/mas diferente das baratas/a mentira do pânico não gosta de festa/não se interessa pela santa ceia/a mentira do pânico quer roer os ossos daquele ensanguentado na cruz/e o Raid Multi-insetos faz parte disso! Verdade! Nasa – Nike – Bepantol – essas porras – tudo ó... Vai pesquisar/joga lá no Google. Tudo junto sem hashtag. Joga: Raid – Estados Unidos – Washington – mentira – segurança das Nações Unidas – Guerra do Iraque – medo – míssil iraniano – morte – ataque terrorista – Síria – Irã – Coreia do Norte – China – Rússia – quem tem o pau maior – Bush – dinheiro – Bin Laden explode Cristo Redentor – tsunami em Salvador – PM em greve – militares na rua – ordem e progresso – eu te protejo – cuidado com o neguinho – quem roubou meu queijo – tão lendo meus e-mails – hackearam minha conta – não são apenas vinte centavos – biticoins – telefone grampeado – Dilma Bolada – o muro de Trump – viver dá câncer – 7 bilhões de humanos – a água vai acabar – arrastão – é tudo desgraça – a cidade é perigosa – a rua é perigosa – você é perigoso – estado de alerta – fascistas manipulam medo lucram guerra – fascistas poder dinheiro controle giro capital guerra guerra guerra guerra guerra guerra.

Barata coberta de espuma.

aproveita do medo pra gerar o pânico... E a
mentira do pânico é como uma barata atravessando o salão/mesmo que sozinha/capaz
de fazer tremer a festa/mas a mentira do pânico não gosta de festa/não se interessa pela
santa ceia/a mentira do pânico quer roer os
ossos daquele ensanguentado na cruz/e o
Raid Multi-insetos faz parte disso! Verdade!
Nasa – Nike – Bepantol – essas porras – tudo
ó... /vai pesquisar/joga lá no Google. Tudo junto sem hashtag. Joga: Raid – SBP – Estados
Unidos – Washington – mentira – segurança
das Nações Unidas – Guerra do Iraque – medo
– míssil iraniano – morte – ataque terrorista –
Síria – Irã – Coreia do Norte – China – Rússia –
quem tem o pau maior – Bush – dinheiro – Bin
Laden explode Cristo Redentor – tsunami em
Salvador – PM em greve – militares na rua –
ordem e progresso – eu te protejo – cuidado
com o neguinho – quem roubou meu queijo
– tão lendo meus e-mails – hackearam minha
conta – não são apenas vinte centavos – bit-
-coins – telefone grampeado – Dilma Bolada –
o muro de Trump – viver dá câncer – 7 bilhões
de humanos – a água vai acabar – arrastão – é
tudo desgraça – a cidade é perigosa – a rua é
perigosa – você é perigoso – estado de alerta
– fascistas manipulam medo lucram guerra –
fascistas poder dinheiro controle giro capital
guerra guerra guerra guerra guerra guerra.

ADAPTAÇÃO

LEGENDA 4: LOUVA-A-DEUS

Louva-a-deus nunca fala direto para as pessoas, coladinho em Tradutor, cochicha em seu ouvido. Louva-a-deus olha sempre de soslaio, a mão sempre cobrindo a fala, escondendo-se com um leque como uma gueixa. Um terceiro inseto faz a tradução simultânea em libras. Louva-a-deus cochicha no ouvido de seu tradutor.

TRADUTOR: [*uma figura sóbria*] Insetos. Ouçam: o louva-a-deus é um predador carnívoro. Cinco olhos. Dois deles em lugares estratégicos, com capacidade de acompanhar todos os movimentos ao redor. Único inseto que consegue girar a cabeça e encarar.

LOUVA-A-DEUS: [*sussurra*] Ele está te encarando agora. Ele é perigoso.

Louva-a-deus fala algo no ouvido dela, ela tem dúvidas sobre o que ouviu, pergunta no ouvido dele, ele responde entregando uma lista para ela.

TRADUTOR: [*continua*] Camuflagem/sensores/antenas/força/agilidade/destreza/cavalinho de Deus/justiceiro/pai de todos/mata-piolho/o louva-a-deus mata as pragas/estabelece o equilíbrio da natureza. Não se pode dizer que vivemos num sistema laico. Isso é mentira. Existe um Deus entre os insetos. Numa guerra haverá soberania máxima/lei da natureza: a lei do mais forte. A última cigarra morreu/as abelhas migraram/as regras mudaram. Os bens naturais são finitos. É a crise/é a guerra/é a vida. Por minha autoridade, a partir de hoje decreto que...

4. LOUVA-A-DEUS

TRADUTOR: [*uma figura sóbria*] Insetos. Ouçam.

Louva-a-deus nunca fala direto para as pessoas, coladinho em Tradutor, que é uma borboleta, cochicha em seu ouvido. Louva-a-deus olha sempre de soslaio, a mão sempre cobrindo a fala. Uma joaninha faz a tradução simultânea em libras e outro inseto faz a tradução para o inglês. Louva-a-deus cochicha no ouvido de seu tradutor.

TRADUTOR: O louva-a-deus é um predador carnívoro. Cinco olhos. Dois deles em lugares estratégicos, com capacidade de acompanhar todos os movimentos ao redor. Único inseto que consegue girar a cabeça e encarar. Ele está te encarando agora. Ele é perigoso.

Louva-a-deus fala algo no ouvido da Borboleta, ela tem dúvidas sobre o que ouviu, pergunta no ouvido dele, ele responde entregando uma lista pra ela.

TRADUTOR: [*continua*] Camuflagem/sensores/antenas/força/agilidade/destreza/cavalinho de Deus/justiceiro/pai de todos/mata-piolho/o louva-a-deus mata as pragas/estabelece o equilíbrio da natureza. Não se pode dizer que vivemos num sistema laico. Isso é mentira. Existe um Deus entre os insetos. Numa guerra haverá soberania máxima/lei da natureza: a lei do mais forte. A última cigarra morreu/as abelhas migraram/as regras mudaram. Os bens naturais são finitos. É a crise/é a guerra/é a vida/Por minha autoridade, a partir de hoje decreto que... Decreto que to-

Com a lista na mão, não consegue seguir, abaixa a lista. Louva-a-deus, num gesto suave, ergue com seu leque a mão de Tradutor com a lista. Tradutor volta a ler.

TRADUTOR: Decreto que todos serão divididos em duas castas: formigas/baratas/besouros/cupins/joaninhas/pulgas/percevejos/vocês trabalham pra mim. Moscas/grilos/gafanhotos/mariposas/borboletas/vespas/libélulas/eu como vocês.

Inseto Tradutor de Libras se entristece.

INSETO TRADUTOR DE LIBRAS: Desculpe, estou em dúvida.

Louva-a-deus se recolhe num movimento de timidez.

TRADUTOR: Fala comigo que eu traduzo pra ela.

INSETO TRADUTOR DE LIBRAS: É que na minha certidão eu tô grilo/mas eu operei/virei joaninha.

TRADUTOR: Sério? Jurava que você era joaninha.

INSETO TRADUTOR DE LIBRAS: Eu sou joaninha. Aqui minha identidade.

TRADUTOR: Mas se na sua certidão tá grilo... complicado.

INSETO TRADUTOR DE LIBRAS: Pois é/exatamente/vocês me comem ou eu trabalho pra vocês?

Os dois se olhando em dúvida. Louva-a-deus fala no ouvido de Tradutor, que vai repetindo em voz alta.

dos serão divididos em duas castas: formigas/baratas/besouros/cupins/joaninhas/pulgas/percevejos/vocês trabalham pra mim.

Borboleta, com a lista na mão, não consegue seguir, abaixa a lista. Louva-a-deus, num gesto suave, ergue com seu leque a mão de Tradutor com a lista. Tradutor volta a ler.

TRADUTOR: Borboletas/moscas/grilos/gafanhotos/mariposas/vespas/libélulas/eu como vocês.

Joaninha se entristece.

INSETO TRADUTOR DE LIBRAS: Desculpe, estou em dúvida.

Louva-a-deus se recolhe num movimento de timidez.

TRADUTOR: Fala comigo que eu transmito pra ela.

INSETO TRADUTOR DE LIBRAS: É que na minha certidão eu tô grilo/mas eu operei/virei joaninha.

TRADUTOR: Sério? Jurava que você era joaninha.

INSETO TRADUTOR DE LIBRAS: Eu sou joaninha. Aqui minha identidade.

TRADUTOR: Mas se na sua certidão tá grilo... complicado.

INSETO TRADUTOR DE LIBRAS: Pois é/exatamente/eu trabalho pra vocês ou vocês me comem?

Os dois se olhando em dúvida.

TRADUTOR: Decreto que todos serão divididos em três castas:

Formigas/baratas/besouros/cupins/joaninhas/pulgas/percevejos/vocês trabalham pra mim.

Moscas/grilos/gafanhotos/mariposas/borboletas/vespas/libélulas/eu como vocês. Insetos trans/mutantes/aberrações/outros/não servem pra comer/nem pro trabalho/devem cometer haraquiri para diminuir o número de bocas se alimentando do pouco que nos resta.

Tradutor dá uma espada para Inseto Tradutor de Libras, que pega a adaga. Louva-a-deus se afasta suavemente, flutua leve, se inclina por trás do leque, olhar tímido, um gesto suave com a cabeça num cumprimento.

INSETO TRADUTOR DE LIBRAS: [*devolve a espada*] Ou você me mata ou me dá emprego. Eu/euzinha/me matar? Não vou. Amo o que eu sou/tovivapraviver. Tô doida/não. Desculpa. Não vou fazer. Então? Vai ser o quê? Vai me matar/me dar um emprego?

Louva-a-deus se desloca suave, rosto tapado com o leque, num gesto suave, pega a espada de samurai da mão de Tradutor. Ergue a espada, de novo num gesto suave.

INSETO TRADUTOR DE LIBRAS: Mata beija-flor/morcego/sapo/essa merda aí toda que você faz/sua influência/poder/no ecossistema/foda-se/não tenho medo. És parente da barata/que eu sei/tem sangue de barata em ti também/tem medo/

INSETO TRADUTOR PARA INGLÊS: *She's having a little problem but everything will be fine.*

TRADUTOR: Ela nasceu grilo, mas transitou para/

Louva-a-deus fala no ouvido de Tradutor, que vai repetindo em voz alta.

TRADUTOR: Sob minha autoridade, a partir de hoje, decreto que todos serão divididos em três castas. Formigas/baratas/besouros/cupins/joaninhas/pulgas/percevejos/vocês trabalham pra mim. Borboletas/moscas/grilos/gafanhotos/mariposas/vespas/libélulas/eu como vocês. Insetos trans/mutantes/aberrações/outros/não servem pra comer/nem pro trabalho/devem cometer *haraquiri* pra diminuir o número de bocas se alimentando do pouco que nos resta.

Tradutor oferece uma espada para a joaninha. Louva-a-deus se afasta, suavemente, flutua leve, se inclina por detrás do leque, olhar tímido, um gesto suave com a cabeça, num cumprimento.

INSETO TRADUTOR DE LIBRAS: [*devolve a espada*] Ou você me mata ou me dá emprego. Eu/euzinha/me matar? Não vou. Amo o que eu sou/tovivapraviver. Tô doida/não. Desculpa. Não vou fazer. Então? Vai ser o quê? Vai me matar/me dar um emprego?

Louva-a-deus ergue a espada.

tudo/que tem cu/corpo/limite/prazo/tempo/
existe o que tá no tempo/fora do tempo/em
campo/em fluxo/em rota de colisão/batendo
cabeça/patas/asas/um nascer/morrer sem
freio/eu no meio/não vi o começo da festa/
nem vou tá aqui pro final/tem começo? Tem
final?/Na tentativa de que tudo isso tenha/
faça/assuma algum sentido/quanto tempo se
mantém viva nesse jogo/quanto tempo existo dentro do tempo/eu tenho a morte/tenho
meus instintos pautados por ela/meus refle-
xos/minha anatomia/meu sangue/minha fome/
meu agora/ estou viva agora/

Num gesto violento, rápido, feito navalha, Louva-a-deus cor-
ta fora a cabeça do Inseto Tradutor de Libras.

LEGENDA 5: BESOUROS/VAREJEIRAS

Besouro-soldado, na guarita, aproveita o tempo sozinho pa-
ra tentar se entender como besouro.

MANUAL SOBRE COMO IDENTIFICAR UM BESOURO

Com mais de 4 mil espécies diferentes, os besouros compõem 40% de todas as espécies de insetos e representam
25% do total das formas de vida do mundo. Diferenciar os

INSETO TRADUTOR DE LIBRAS: Mata beija-flor/morcego/sapo/ essa merda aí toda que você faz/sua influência/ poder/no ecossistema/foda-se/não tenho medo. És parente da barata/que eu sei/tem sangue de barata em ti também/tem medo/tudo/que tem cu/corpo/limite/prazo/tempo/existe o que tá no tempo/fora do tempo/em campo/em fluxo/em rota de colisão/batendo cabeça/patas/ asas/ um nascer/morrer sem freio/eu no meio/não vi o começo da festa/nem vou tá aqui pro final/ tem começo? Tem final?/Na tentativa de que tudo isso tenha/faça/assuma algum sentido/ quanto tempo se mantém viva nesse jogo/quanto tempo existo dentro do tempo/eu tenho a morte/tenho meus instintos pautados por ela/ meus reflexos/minha anatomia/meu sangue/ minha fome/meu agora estou viva agora/

Num gesto violento, rápido, feito navalha, Louva-a-deus corta a cabeça da joaninha fora. Inseto Tradutor entra, ergue a cabeça da joaninha e mostra para todos como exemplo. Menina sapateia.

BESOUROS/VAREJEIRAS VOARAM NA ADAPTAÇÃO PRA CENA 7

inúmeros tipos de coleópteros é difícil, porém importante. Embora muitos pertençam a espécies nocivas que destroem colheitas e árvores, outros executam funções importantes dentro do ecossistema. Se você quiser aprender a identificar besouros, siga os passos abaixo:

Observe se o besouro tem seis pernas e o corpo dividido em três seções: cabeça, tórax e abdômen.

Veja se ele tem um exoesqueleto duro. O exoesqueleto protege grande parte do corpo. Embora sua principal função seja defesa, o exoesqueleto é também a característica mais distintiva para identificar diferentes espécies de besouro.

Note se o exoesqueleto é diferente e colorido. A maioria dos besouros adultos é preta ou marrom, mas alguns são coloridos. Um dos mais brilhantemente coloridos é o besouro-joia. A complexa estrutura da célula de seu exoesqueleto reflete a luz em diferentes comprimentos de onda, permitindo que o besouro pareça ser vermelho, amarelo ou verde, dependendo do ângulo em que está sendo visto. Muitas outras espécies têm uma única cor brilhante, variando do azul ao laranja. Outros, como o besouro-cor-de-fogo, têm um toque de vermelho em seus peculiares pescoços.

Examine o besouro para ver se ele apresenta quaisquer marcas que possam ajudar a identificá-lo. Muitos têm padrões em seus exoesqueletos que ajudam na identificação. Alguns, contudo, são bastante semelhantes aos de outras espécies. A joaninha, por exemplo, tem uma carapaça laranja ou vermelha com manchas pretas. O besouro-da-figueira tem o mesmo padrão em seu exoesqueleto. As duas criaturas podem ser facilmente distinguidas uma da outra por outras características, incluindo a forma e a pigmentação da cabeça.

Procure pequenas asas membranosas, chamadas élitros, que se dobram para fora a partir da carapaça quando o besouro

ADAPTAÇÃO

se prepara para voar. Isso revela asas secundárias capazes de fazê-lo voar.

Preste atenção a um inseto voando ruidosamente perto do chão. Besouros em voo são facilmente distinguidos dos outros insetos, como moscas. Eles costumam fazer barulho ao voar e ficar próximos ao chão, e parecem ter problemas de direção.

É complexo.

BESOURO: Quem sou eu?

BESOURO 2: Um besouro idiota.

BESOURO: Ainda tenho duas horas no posto.

BESOURO 2: Quero te propor um negócio. [*aponta um saco com um cadáver dentro*]

BESOURO: Que é isso?

BESOURO 2: Um inseto morto.

BESOURO: E tá fazendo o que aqui?

BESOURO 2: Louva-a-deus não comeu/não apareceu ninguém no enterro pra reclamar o defunto/Vou vender.

BESOURO: Enterro vazio triste.

BESOURO 2: Queria banda de fanfarra? Vazio/cheio/enterro sempre triste.

BESOURO: Tira daqui.

BESOURO 2: Tá com medo?

BESOURO: Morreu como?

BESOURO 2: De estúpida/Peitou Louva-a-deus de cara/negou uma ordem/aí cortaram a cabeça dele/quer

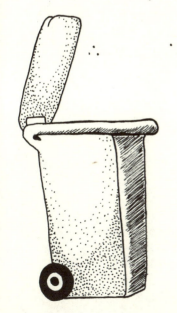

ADAPTAÇÃO

dizer/dela/dele/sei lá/grilo/joaninha/trans/Louva-
-a-deus não come/mas tem quem queira.

BESOURO: Não negocio mortos.

BESOURO 2: Não precisa fazer nada/eu fecho com as varejeiras/elas revendem/lucro bruto meu/negocia o seu?

BESOURO: Não.

BESOURO 2: A grana é boa/dá pra meter pé daqui.

BESOURO: Pra onde?

BESOURO 2: Lisboa/geral tá indo/bora.

BESOURO: E a guerra?

BESOURO 2: Guerra, mané guerra!

BESOURO: Abandona nação/no auge da sua força vital?

BESOURO 2: Por isso mesmo! Besouro adulto/alguns meses de vida/não quero gastar escravo de Louva-a--deus maluco.

BESOURO: Vai fechar com os gafanhotos?

BESOURO 2: Vou fechar comigo mesmo! E contigo, se topar... diz aí, bora vender o grilo traveco.

BESOURO: Respeita os mortos!

BESOURO 2: Respeita os vivos!

BESOURO: Isso não é lixo!

BESOURO 2: É carcaça!

BESOURO: Mais valorosa que tu vivo/carcaça que morreu em combate! Merece respeito! Tu mesmo não é capaz de enfrentar um louva-a-deus.

ADAPTAÇÃO

BESOURO 2: Essa praga come até morcego! Quem combate?

BESOURO: Ela combateu.

BESOURO 2: Ela se explodiu!/Desculpa, prefiro Lisboa.

BESOURO: Covarde!

BESOURO 2: Ah, tá! Corajoso é tu?! Aqui feito dois de paus/mandado! Louva-a-deus fala/Besouro faz! Tudo que seu mestre mandar!

BESOURO: Louva-a-deus traz ordem!

BESOURO 2: Louva-a-deus é safado/e do que ele gosta/eu gosto em dobro: vou vender isso aqui/mando cartão-postal de Portugal!

BESOURO: Me dá o corpo.

BESOURO 2: [*ri*] Malandrinha/quer negociar sozinho?

BESOURO: Enterra de volta.

BESOURO 2: Jura? Você é desses?

BESOURO: Esse corpo não é propriedade sua/devolve ou/

BESOURO 2: Diz aí/nacionalista/se eu não te der você faz o quê?

Sem resposta.

BESOURO 2: Besouro come bosta/caga regra/tô querendo fechar parceria/mudar de vida/deixar merda pra trás/tá esperando o quê? Não virá! Paz mundial/harmonia geral/a cura de tudo/o cântico dos cânticos/Terra sem fim/justiça pra todos/fim do foro privilegiado/Madagascar/ Shangri-lá/paraíso/não virá! Vai ficar aí sentado/com essa cara de cu/com câimbra/pois vai demorar muito esse mun-

ADAPTAÇÃO

51

do ideal/seu/rolar/se rolar/E posso ser sincero?
O que me espanta não são insetos como eles/
que eu sei bem os motivos que movem/pois
são bem meus também/o que me espanta são
insetos como tu/bem-intencionado/ignorante/
altamente perigoso.

Besouro barra a saída.

BESOURO 2: Quer? Vai ter que pegar.

Os dois insetos lutam. Duas varejeiras voando vendo a luta. A conversa delas é por legenda.

LEGENDA 6: VAREJEIRA 1 E VAREJEIRA 2

VAREJEIRA 1: Que isso?

VAREJEIRA 2: Dois pobres lutando até se matar/gafanhotos e louva-a-deus patrocinam/acontece desde Nero/acho.

VAREJEIRA 1: Você é tão culta. [*percebe a outra*] Que foi?

VAREJEIRA 2: O defunto tá ali, tá vendo?

VAREJEIRA 1: ... a gente vai roubar? A gente já vende morto no mercado/não acha que roubar contribui pra sujar a imagem das moscas-varejeiras?

VAREJEIRA 2: [*já roubando*] Pega esse lado aqui!

VAREJEIRA 1: Por isso as pessoas têm nojo da gente.

VAREJEIRA 1 E VAREJEIRA 2 FORAM EXTERMINADAS

ADAPTAÇÃO

VAREJEIRA 2: Que cê tá falando?

VAREJEIRA 1: Tem dois brigando/eu deveria apartar/não me aproveitar pra roubá-las.

VAREJEIRA 2: Mas daí qual seria a graça da guerra? Vem, me ajuda! Carrega de um lado/que eu seguro do outro.

As varejeiras levam o cadáver sem que os besouros percebam. Os besouros estão lutando.

LEGENDA 7: MARIPOSA/BORBOLETA

Mariposa está com o olhar fixo na bola de luz, atrás dela uma pilha de corpos e membros de insetos mortos.

TRADUTOR: Diz/bruxa/tu sabe onde elas estão. Fala.

Mariposa continua fixa, falando em outra língua.

TRADUTOR: Não nessa língua/fala. Onde pegou as larvas?

MARIPOSA: [*fala em línguas, aparece a tradução legendada*] Tradutor com problemas de língua? Achei que fosse com língua grande/não é assim com as borboletas?

Tradutor abre suas asas exuberantes de borboleta, tapando a bola de luz. Mariposa entra em desespero.

MARIPOSA/BORBOLETA POUSARAM NA ADAPTAÇÃO DA CENA 8

ADAPTAÇÃO

55

MARIPOSA: [*em línguas, tradução legendada*] Estou cega! Onde está a luz? Eu quero a luz! Estou cega!

TRADUTOR: [*cruel em sua beleza ameaçadora*] Na minha língua.

MARIPOSA: A noite é das mariposas/o dia é das borboletas/o que tá fazendo aqui?

TRADUTOR: Deve explicações pra Louva-a-deus.

MARIPOSA: Uma mariposa velha não pode morrer em paz?

Tradutor fecha as asas, a luz da bola volta.

TRADUTOR: Os gafanhotos foram mortos pelo Louva-a--deus/ele comanda o armamento dos besouros. A nova ordem.

Mariposa acende um cigarro.

TRADUTOR: Poderia não fumar/por favor?

Mariposa apaga o cigarro.

TRADUTOR: Gafanhotos escondiam larvas de abelha, compradas aqui. Procuramos por todo o *resort*. Louva-a-deus quer larvas. Sabe alguma coisa?

Mariposa pega uma bebida e serve no copo.

TRADUTOR: Não bebo/obrigada.

ADAPTAÇÃO

MARIPOSA: É mel.

Tradutor se espanta.

TRADUTOR: Onde conseguiu?

MARIPOSA: Quer comprar?

Tradutor vira o copo de mel, num deleite.

TRADUTOR: As abelhas nunca dariam suas larvas. Tu/velha e gorda/não sobreviveria a ataque de enxame. Quem roubou a colmeia? Teria que ser um inseto pequeno/com asas...

MARIPOSA: Chega inseto aqui de tudo que é canto.

TRADUTOR: Não deve ser tão comum assim, um inseto contrabandista de abelhas.

MARIPOSA: Vocês borboletas são tão engraçadas... o jeito. Chegam aqui/se sentem melhor que as mariposas/mesmo tendo vindo do mesmo casulo/cheias de marra/querem/mas não têm nada pra oferecer em troca?

Tradutor tira uma joia e entrega.

MARIPOSA: Tá pouco...

Tradutor tira mais joias e entrega.

ADAPTAÇÃO

MARIPOSA: Ih... muito pouco... Mais! Quero mais! Mel é caro...

Tradutor dá tudo o que tem. Mariposa serve mais mel. Tradutor bebe.

TRADUTOR: Eu te paguei/agora fala. Quero saber das larvas.

MARIPOSA: Vocês borboletas são tão ligadas às causas infantis! Acho lindo. Louva-a-deus vai pegar as larvas e dar de mamar?

TRADUTOR: Louva-a-deus vai restabelecer a ordem natural das coisas.

MARIPOSA: E as coisas naturais lá têm ordem? As coisas naturais são livres/laicas/soltas! Vocês querem a doença/não querem a cura/com a doença Louva-a-deus diz que é remédio/e mete goela abaixo.

TRADUTOR: Eu te paguei. Não foge do assunto/fala.

MARIPOSA: [*se aproxima, discreta, contrariada*] Eu não posso te dizer quem me vendeu/ética. Mas posso falar de quem comprou/o casal esnobe de gafanhotos/avisei que a mercadoria era sensível/precisava de ambiente adequado/daí a esposa disse que tinha construído um esconderijo pra guardar, mas não era pra contar pro marido/porque ele/ele era contra... como é a palavra? Barco? Banco...? Não... Era alguma coisa com B/Bun...

TRADUTOR: *Bunker.*

MARIPOSA: Isso. Bom, acabou seu tempo. [*recolhe o copo da mão do Tradutor*] Bom te ver/prima. Vai embora/tem mais nada aqui pra tu.

ADAPTAÇÃO

BARATA: [*grita da montanha morta de insetos, é apenas uma cabeça falante*] Tem/sim! Tem eu aqui! Me coloca na frente daquele Louva-a-deus filho da puta/pra eu dizer umas verdades na fuça dele/ que eu tô cheio de/

TRADUTOR: Que isso?

BARATA: Mais respeito. Posso ser só uma cabeça, mas ainda sou uma barata. Tenho dignidade.

MARIPOSA: [*joga um pedaço de inseto nele*] Cala a boca! Vai dormir!

BARATA: Bruxa velha! Pensa que eu tenho medo de você? Sobrevivi ao Raid/vou sobreviver à sua cara feia.

TRADUTOR: Quem é tu/insolente?

BARATA: Não falo com encarregados/só com Deus! Cadê Deus? Traz ele aqui agora.

TRADUTOR: O que acha que ele faria com você?

BARATA: O que ele faria comigo eu não sei/mas o que eu vou fazer com ele/ah/parceira, quem viver verá!

TRADUTOR: Parceira?

BARATA: Tá na nossa mão! Quer dizer/minha mão tá a 13 quilômetros daqui/mas escuta/se a gente se unir/formigas/moscas/geral/vira o jogo/não é a gente que precisa deles/contrário/vide o verso/ captou?

TRADUTOR: Abelhas polinizam/cigarras cantam/borboletas dão beleza... Baratas/mariposas/formigas/ moscas... Quem quer perto? Vocês dão asco. Só servem pra copular e gerar mão de obra barata. Vocês são muito importantes onde

ADAPTAÇÃO

estão. Exatamente. Você e seus 560 ovinhos. Sua parceria é com a servidão/sem direito a aposentadoria/feito essa velha.

BARATA: Vai se foder! Até a varejeira que me vendeu pra essa bruxa vale mais que você.

TRADUTOR: [*para Mariposa*] Quem é essa varejeira?

Mariposa aborrecida com Barata falando em línguas.

TRADUTOR: [*fala na língua da velha, tradução na legenda*] De onde saíram essas deve ter mais!

MARIPOSA: [*fala em língua, tradução em legenda*] Você já teve o que pagou! Chega! Vá embora!

BARATA: Ei/tô na conversa/É falta de educação falar em outra língua.

TRADUTOR: [*falando em outra língua, tradução na legenda*] Fala, velha maldita! Qual varejeira te vendeu as larvas? [*Borboleta perde a fala, cambaleia*]

MARIPOSA: Que foi? Tá sufocando? Afrouxa a gravata, Borboleta! [*Mariposa ri, enquanto Tradutor sufoca. Mariposa acende seu cigarro*]

BARATA: Bruxa velha! Envenenou a Borboleta! Gostei!

MARIPOSA: [*bafora na cara da Borboleta*] O gato comeu sua língua?

Borboleta sufocando até a morte, Barata e Mariposa fazem festa. Mariposa arrasta o corpo pra pilha de insetos mortos. As duas moscas-varejeiras aparecem carregando o saco de cadáver. Mariposa pega bagagem para ir embora.

ADAPTAÇÃO

VAREJEIRA 1: Viemos negociar.

MARIPOSA: Estamos fechados hoje.

VAREJEIRA 1: Um inseto raro/trans.

MARIPOSA: Xô/Varejeira! Já disse/hoje não negocio/

VAREJEIRA 1: Está de partida?

MARIPOSA: Vou visitar uma prima libélula. Quando voltar te aviso.

VAREJEIRA 1: Estamos numa guerra/vai viajar bem na hora de lucrar?

MARIPOSA: Não lhe devo satisfação/xô, Varejeira! Não quero comprar nada!

VAREJEIRA 2: Isso é uma borboleta? Sempre quis ter um par de asas de borboleta, compra, amor.

MARIPOSA: Meu uber chegou/desculpa/vai embora.

VAREJEIRA 1: Correndo assim/ou ganhou na loteria/ou matou alguém e tá fugindo.

BARATA: Como tu sabe? Quem te contou?

VAREJEIRA 1: Uma negociadora da noite/negando uma oferta de compra...

MARIPOSA: Essa barata foi meu pior negócio/deveria ter comprado a parte sem boca.

VAREJEIRA 1: Tá fugindo?

MARIPOSA: Ganhei na loto e tô indo passar um tempo em Honolulu. Satisfeita?

VAREJEIRA 2: Meu sonho essa asa, amor!

ADAPTAÇÃO

VAREJEIRA 1: Quebra essa pra mim, Mariposa/em nome da nossa amizade.

MARIPOSA: Não sou sua amiga.

VAREJEIRA 1: Dos nossos negócios! Tanto tempo trabalhando juntos/deixa eu dar essa felicidade pra minha esposa/a gente só quer que/

MARIPOSA: Tá, mosca chata/não vai parar de zunir, né? Ok, cada asa, cem.

VAREJEIRA 1: Que facada! Tá o olho! Cem pelas duas e o inseto trans de quebra.

MARIPOSA: Isso aqui é borboleta-azul, amado, coisa boa é cara.

VAREJEIRA 1: Acabou de falar que tá rica/dá um desconto.

MARIPOSA: Cento e cinquenta as duas, e de brinde leva a cabeça de barata.

BARATA: De brinde? Coisa mais humilhante!

MARIPOSA: Essa é a oferta, é pagar ou largar.

VAREJEIRA 1: [*fala no ouvido da outra mosca*] Tá caro, amor.

VAREJEIRA 2: [*faz o mesmo, legenda*] Nunca te pedi nada/eu quero as asas.

VAREJEIRA 1: [*suspira saturada, legenda*] E a Barata?

VAREJEIRA 2: Nem de graça.

MARIPOSA: Vambora/casal/não tenho a noite toda.

VAREJEIRA 1: Cento e trinta as duas asas/sem a Barata/pode ser?

BARATA: A humilhação não acaba, é isso?

MARIPOSA: Te faço por 120, se levar a Barata junto.

BARATA: Bruxa velha!

VAREJEIRA 1: Barata sai caro. Centro e trinta só as asas mesmo, obrigado.

MARIPOSA: Negócio fechado!

Número musical da dupla de varejeiras, inspirado na música "Money, Money" do filme Cabaret.

UMA NOVA BARATA VEIO AO MUNDO NA ADAPTAÇÃO

5. BARATA #2

Barata leva uma pisada. Barulho de bombas explodindo. Outra Barata chega prestando socorros.

BARATA PARAMÉDICA: [*no radiocomunicador, colocando a cabeça da outra em seu colo*] M3/14! M3/14! Barata abatida/Barata abatida! Socorro urgente! Urgente! Barata gravemente ferida na guerra/sem pernas! Sem asas/só cabeça! Socorro imediato! É urgente!

BARATA ABATIDA: Não, Marlene/não. [*firme*]

BARATA PARAMÉDICA: Você é cascuda, não desiste!

BARATA ABATIDA: Acabou pra mim, Marlene.

ORIGINAL

Barulho de bombas explodindo.

BARATA PARAMÉDICA: Não vamos embora sem você! Nem uma *cucaracha* a menos! [*firme com a cabeça da barata abatida em seu colo, no rádio*] M3/14! M3/14! RESGATE URGENTE! Companheira barata atingida mortalmente! Mandem toda a ajuda necessária! M3/14!

BARATA ABATIDA: Disseram que as baratas eram as sobreviventes no final, mentiram... Tudo que tem sangue é fraco...

BARATA PARAMÉDICA: Não é sobre o mais forte/companheira/é sobre o mais resistente/é lei da natureza. Estamos por cima de tudo que morre.

BARATA ABATIDA: Meu corpo tá colado no sapato da menina do outro lado do palco/Marlene/enfia sua filosofia de merda no cu. Eu não estou por cima de nada. Eu quero morrer.

BARATA PARAMÉDICA: Paz!

Barulho de bombas.

BARATA ABATIDA: Eu quero Baygon! Tem Baygon aí?

BARATA PARAMÉDICA: Baygon? Parei.

BARATA ABATIDA: Vai negar Baygon pra uma moribunda?

Barata Paramédica tira o Baygon malocado na bolsa. As duas usando Baygon ao longo da conversa.

ORIGINAL

BARATA ABATIDA: Baygon do bom/safada!

BARATA PARAMÉDICA: Gosto de ficar acordada.

BARATA ABATIDA: Também não gosto de dormir.

BARATA PARAMÉDICA: Me dá uma ideia de desperdício de vida. E a gente já vive tão pouco. Não quero perder um segundo.

Tempo.

BARATA ABATIDA: Sabe como uma barata telefona pra outra/ sabe como/Marlene?

AMBAS: Via "Embaratel".

As duas riem. Bomba explode. Tempo.

BARATA ABATIDA: Daqui vocês vão pra onde?

BARATA PARAMÉDICA: Nós vamos nos retirar discretamente da guerra.

BARATA ABATIDA: Entendi, vocês vão se esconder.

BARATA PARAMÉDICA: Essa é a nossa natureza.

BARATA ABATIDA: Natureza de cu é rola. Se é pra morrer/que seja de frente. Nós somos baratas! Vai pisar/ então pisa que eu tô olhando/num tô fugindo.

BARATA PARAMÉDICA: Questão de sobrevivência.

BARATA ABATIDA: Vai/Barata/se esconde/finge que não é com você/não tá vendo/OLHA PRA MIM, MARLE-

NE: elegeram o Louva-a-deus/ele entrou e colocou louva-a-deus em tudo o que é cargo! É louva-a-deus que não acaba mais/olha aí/louva-a-deus se propagando/comemi/ censurani/pregani/predani/camuflani/quer parecer a própria natureza se impondo na natureza dos outros/ Lavagem cerebral/lavagem de dinheiro/

AMBAS: Lavagem de roupa suja/haja sabão/sabão e BAYGON! Barata com Baygon!

As duas cafungam Baygon. Barata morre. Silêncio. Barata Paramédica faz respiração boca a boca na cabeça da Barata abatida. Barata volta pra vida.

BARATA ABATIDA: Quanto tempo estive fora?

BARATA PARAMÉDICA: Quinze segundos.

BARATA ABATIDA: Sonhei uma vida inteira.

BARATA PARAMÉDICA: E como era o sonho?

BARATA ABATIDA: Eu era um corpo sem cabeça. [*as duas riem*] Pra cima e pra baixo/sem cabeça/cabeça pra nada/só pra foder e passar Baygon no cu/já passou Baygon no cu?

BARATA PARAMÉDICA: Sou rodada!

BARATA ABATIDA: Dá um barato loko/só instinto/eu só fodia. Vários machos ao meu redor e eu copulando com todos/um buraco suculento pra meter e botar/vários machos ao mesmo tempo/no faro do meu cio/tapando meus buracos/eu depósito deles/loka de Baygon/eles cansavam/eu não/

queria mais/jorro/todo dentro de mim/escorrendo de mim/eu comia a cabeça de todos os machos. Me senti a Mãe Terra/depois... trêmula. Como tô agora. Mesmo sem corpo, eu me sinto tremer. Olha aí. Tremendo.

BARATA PARAMÉDICA: É a minha perna.

BARATA ABATIDA: Tá com frio?

BARATA PARAMÉDICA: Tô travada.

BARATA ABATIDA: [*cantarola baixinho*] "Quem quer casar com a dona baratinha, que tem fita na cabeça e dinheiro na caixinha? E o rapaz, que com ela se casar, terá doces todo dia: no almoço e no jantar..." Ai, amiga, obrigada por não me deixar aqui sozinha.

BARATA PARAMÉDICA: É como dizem uma barata nunca está sozinha.

O rádio da Barata Paramédica toca, ela atende/pneu.

BARATA PARAMÉDICA: Marlene na escuta!

Barata Paramédica aflita.

BARATA PARAMÉDICA: [*ao rádio/pneu*] Mas isso foi agora? Tem certeza?

BARATA ABATIDA: Que houve?

BARATA PARAMÉDICA: [*ao rádio/pneu*] Eu estava indo com o grupo justamente para aí/senhor! Agora não sei mais...

ADAPTAÇÃO

LEGENDA 8: AEDES AEGYPTI

Mosquito numa piscina toner, falando por um radiotransmissor.

MOSQUITO: Avanços científicos e tecnológicos são basicamente divididos em dois propósitos: preservar e exterminar. A convergência dos dois está justamente no domínio vida/morte. Se por um lado inventam vacina da febre amarela/por outro se armam até os dentes. Você precisa de um inimigo pra chamar de seu/mesmo que esse inimigo seja eu!

Um inimigo pra chamar de seu/mesmo que seja eu!/Um inimigo pra chamar de seu!

Guerra? Que guerra? Tô de boa na lagoa. Olha minha cara de preocupada. Já se vacinou? Tão matando até os coitados dos macacos. Gente... Guerra é guerra e cada um usa as armas que tem/a minha no caso já nasceu comigo/a dos humanos...

Armas biológicas/invasões em sistemas virtuais/míssil/fuzil/tanque/granada/minas/napalm/

BARATA ABATIDA: Me fala! O que tá acontecendo?

BARATA PARAMÉDICA: Ok, entendido. Câmbio, desligo.

BARATA ABATIDA: Fala/criatura!

BARATA PARAMÉDICA: Os louva-a-deus devoraram os gafanhotos.

6. AEDES AEGYPTI

AEDES: Minha vida não vale porra nenhuma, mas é tudo o que eu tenho... pode não ser grande coisa/mas enquanto estiver aqui/eu quero estar. E não adianta vir com fumacê/inseticida/repelente/raquete elétrica/essas merdas/o que tiver que ser já é.

Guerra? Que guerra? Tô de boa na lagoa. Olha a minha cara de preocupada.

Cada um usa as armas que tem/a minha, no caso, já nasceu comigo/ agora a de vocês:

armas biológicas/invasões em sistemas virtuais/míssil/fuzil/tanque/granada/ napalm/submarinos/porta-aviões/bombas nucleares/boom. Já se vacinou?

Você deve estar se perguntando como eu sei dessas coisas/é que conheci um piolho num grupo de ajuda em viciados em sangue humano/e os piolhos, como ninguém, sabem bem o que se passa na cabeça dos humanos/enfim/tomamos uns bons drinques/um *Bloody Mary* aqui/ali/o piolho na tentativa de me impressionar, me tocou a real dessa espécie que morre de medo de morrer.

submarinos/porta-aviões/bombas nucleares/booom.

Dizem que não querem guerra/mas departamentos militares se armam pra evitar que sejam surpreendidos pelo inimigo. Bilhões de miseráveis/mas os bilhões de dinheiro são investidos na guerra/na XM25/sabe o que é XM25? Olha aí... Não sabe. Tá por fora/tá perdendo/informação é poder. XM25 é uma das grandes inovações apresentadas pelas Forças Armadas dos Estados Unidos/capaz de disparar 25 granadas de alto poder destrutivo e com um altíssimo grau de precisão/com disparos programados. Ele já foi testado no Afeganistão e certamente será utilizado em uma nova guerra/então/agora você já sabe/se seu bairro desaparecer no meio do fogo e cinzas/em sete segundos/olha aí: XM25. Os Estados Unidos são rainha de se meter nisso/o olho é grande/e aí eles ficam inventando caô pra meter bomba nos outros/quer o quê? Poder.

Falando assim/parece até que eu tô implicando com os caras/é que/realmente, Trump é um cupim/desses de demolição/brabo/sem querer ofender os cupins/barrou minha entrada lá no tio Sam/foi uma humilhação pra pedir visto/acharam que eu tava querendo dar o truque/ter filho lá/essas merdas/mas foda-se/tô cagando pra eles/sou muito mais tropical de ser.

Mas pra não ser injusta/não vou botar tudo na conta dos caras/os *made in* China também não são bosta que se cheire/chineses/gente/o que falar dos chineses, não é mesmo? Criaram o maior inseto do mundo/eles têm olho peque-

Me falou de Deus/internet/plásticas/amor/
alma/sucesso/riquezas/paixão/arte/entre outras coisas que vocês criam para criar a ilusão
de eternidade. Mas/meu amor/desculpa/vai
morrer. Esse é o trato/nasceu/morreu. Nunca
vi ninguém que não.

Cara. E/de mais a mais/eternidade pra quê?
Nem o Universo é eterno/isso foi o piolho que
me contou também/parece/pareeeeece/que
um dia até o Universo vai morrer/virar outra
coisa/eu também quero virar outra coisa/tudo
bem/não precisa morrer de uma forma escrota
com uma picada de mosquito/mas/cara... re-
laxa/sua hora vai chegar/e quando chegar/vai
esquentar a cabeça? Fazer guerrinha? Encher
o cu de dinheiro para quê? Vai levar tudo pro
paraíso prometido? Aí eu prefiro ficar aqui/na
minha aguinha parada/pensando nessas mer-
das/primeiro vem a angústia/caramba/eu não
sou nada/nada/nada/eu sou mosquito do cocô
do cavalo do bandido/minha vida não vale nada/
nada/nada/mas depois eu penso: cara/foda-se.

Noutro dia mesmo/apareceu aqui um mosquito
modificado geneticamente/cheio de graça/jo-
gando charme/pensando que eu não sei... quer
transar comigo para os meus filhotes nascerem sem armas. Aí, quer dizer/vocês podem/eu
não. Eu estava lá no meu canto/aí vem/invade/
domina/devasta/desmata/vou para onde? Pra
sua casa. Ué. Aí, tô errada?

Cheguei aqui assim. De bote. Atravessando
oceano. Pensem/do Egito até aqui/é chão/

Eu sei que o planeta tá numa superlotação...
Tá foda... só vocês são 7 bilhões/pensem no
restante! Claro que tá estresse! Acha o quê?
Que vai tá suave?

ADAPTAÇÃO

no/mas a ambição maior que um bicho-pau de 64cm/inventaram essas merdas de rifle ZH-05. Sabe qual é?/Uma parada bizarra/pode ser equipado com projéteis de fragmentação e explosivos/devastando uma cidade inteira/os soldados precisam apenas informar aos computadores de controle quais são os alvos que desejam atingir. Que prático, né? Nem precisa sair de casa pra lutar na guerra. E a China é um formigueiro amarelo/e a rainha deles goza com um míssil no rabo.

Eu falo muito dos humanos porque já bebi muito ali naquela fonte/eu mesma já matei uma centena/e outras centenas caíram de cama por mim/ eles não resistem ao meu apelo comercial. Mas essa fixação guerrilheira é geral/e nós insetos estamos indo pelo mesmo caminho/é preciso se proteger/atacar/e se invadirem sua casa? E se quiser invadir a casa do outro? E fala baixo senão atiro/o investimento em armas é alto.

Rússia 165 bilhões/Índia 51 bilhões/França 35 bilhões/Reino Unido 45 bilhões/Turquia 8 bilhões/Alemanha 9 bilhões/Itália 34 bilhões/ Coreia do sul 43 bilhões/Paquistão 7 bilhões/ Indonésia 6 bilhões/Israel 15 bilhões/Vietnã 3 bilhões/Irã 6 bilhões/Tailândia 5 bilhões/Austrália 24 bilhões/Coreia do Norte 7 bilhões/Arábia Saudita 57 bilhões/Canadá 15 bilhões/Taiwan 12 bilhões/Irã 3 bilhões/Polônia 11 bilhões/Japão 43 bilhões/Estados Unidos 587 bilhões/ Egito 5 bilhões/Brasil 24 bilhões... e isso foi o que eles declararam no imposto de renda! Pense! Se toda renda fosse revertida pro Criança Esperança/ia ter criança bebendo champanhe atéééééééééééé/e olha que nem meti o arma-

Louva-a-deus e gafanhotos lutam pelo domínio das abelhas/mas só quatro espécies concentram metade de toda a riqueza mundial/ subterfúgio bélico para escravizar/exterminar/devorar a Terra que se revira/em pó de sangue seco/eu faço a egípcia/ninguém me cala/tentaram/teeeeentaram/mas eu sou/eu sooou/eu sou amor/ da cabeça aos pés.

A bailarina mata o mosquito.

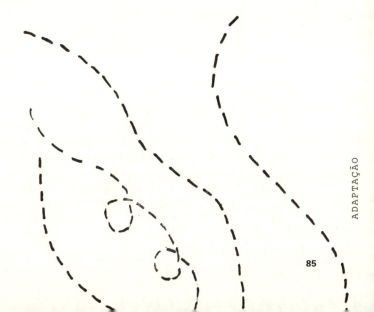

mento dos morros cariocas/que aí, meu filho/ nem Deus sabe.

Você deve estar se perguntando como eu sei dessas coisas/é que conheci um piolho num grupo de ajuda em viciados em sangue humano/e os piolhos, como ninguém, sabem bem o que se passa na cabeça dos humanos/ enfim, tomamos uns bons drinques/um *Bloody Mary* aqui/ali/o piolho na tentativa de me impressionar, me tocou a real dessa espécie que morre de medo de morrer.

Os piolhos me falaram de Deus/internet/plásticas/amor/alma/sucesso/riquezas/paixão/arte/ entre outras coisas que os humanos criam pra criar a ilusão de eternidade. Mas, meu amor/ desculpa/vai morrer. Esse é o trato/nasceu/fodeu. Nunca vi ninguém que não.

Cara, e de mais a mais: eternidade pra quê? Nem o Universo é eterno/isso foi o piolho que me contou também/parece/pareeeeeece/que um dia até o Universo vai morrer/virar outra coisa/eu também quero virar outra coisa. Tudo bem/não precisa morrer de uma forma escrota com uma picada de mosquito/mas, cara... relaxa/sua hora vai chegar/e quando chegar/relaxa e morre. Vai esquentar cabeça? Fazer guerrinha? Quer encher o cu de dinheiro pra quê? Vai levar tudo pro paraíso prometido? Aí eu prefiro ficar aqui/na minha aguinha parada/pensando nessas merdas/primeiro vem a angústia/caramba/eu não sou nada/nada/nada/eu sou o mosquito do cocô do cavalo do bandido/minha vida não vale nada/nada/nada/mas depois eu penso: cara/foda-se. Minha vida não vale porra nenhuma, mas é tudo o que eu tenho... pode não ser grande coisa/mas enquanto estiver aqui/eu

ADAPTAÇÃO

quero estar. E não adianta vir com fumacê/inseticida/raquete elétrica/essas merdas/o que tiver que ser já é. Noutro dia mesmo/apareceu aqui um mosquito modificado geneticamente/cheio de graça/jogando charme/pensando que eu não sei... quer transar comigo pros meus filhotes nascerem sem suas armas. Aí/quer dizer/eles podem/eu não. Eu tava quieta lá no meu canto/aí vem/invade/domina/devasta/desmata/vou pra onde? Pra sua casa. Ué. Cheguei aqui assim. De bote. Atravessando oceano. Pense/do Egito até aqui é chão/minha filha. É muita água pra rolar. Aí, eu tô errada? #tovivapraviver.

Eu sei que o planeta tá numa superlotação... é foda... só de humanos são 7 bilhões/pense no restante! Nunca esteve tão cheio antes, claro que tá estresse! Pense nesta sala, com dez seres vivos, é uma energia... agora pensa nela com cem... já muda... quinhentas... oitocentas pessoas aqui dentro... 2 mil se espremendo por ar... 5 mil, umas por cima das outras... 10 mil... aqui, agora... acha o quê? Que vai tá suave? Não vai... estamos todos nos acotovelando/louva-a-deus e gafanhotos lutam pelo domínio das abelhas/mas só quatro espécies concentram metade de toda a riqueza mundial/subterfúgio bélico pra escravizar/exterminar/devorar a Terra que se revira/em pó/de sangue seco/eu faço a egípcia/ninguém me cala/tentaram/teeentaram/mas eu sou/eu soooou/eu sou o amor/da cabeça aos pés! Eu sou/eu sooou/eu sou o amor/da cabeça aos pés. Fiquem agora com a voz do Brasil/câmbio/desligo.

Uma bomba explode. Música "O guarani". Vídeo da cópula do Louva-a-deus.

ADAPTAÇÃO

**BESOUROS/VAREJEIRAS JÁ TINHAM PASSADO
PELO ORIGINAL COMO CENA 5**

7. BESOUROS/VAREJEIRAS

Besouro titã construindo barricada.

BESOURO: É complexo. Quem sou eu?

VAREJEIRA 1: [*do alto*] Um idiota.

BESOURO: Sou um besouro!

VAREJEIRA 1: Hahahahahahahahahahaha!

BESOURO: Eu sou um besouro titã!

VAREJEIRA 1: Por fora/por dentro tu é uma mariposa/sedenta por luz/tô certa ou tô errada?

BESOURO: Varejeira pestilenta!

VAREJEIRA 1: Toma vergonha na cara. Tu não engana nem percevejo. Vambora desse lugar/

BESOURO: Pra onde?

VAREJEIRA 1: Lisboa. Geral tá indo.

BESOURO: Você não vai se alistar?

VAREJEIRA 1: Tá boa? Tenho 12 dias de vida/posso perder tempo/não/antes gafanhotos devorando tudo/agora Louva-a-deus fascista querendo me comer? Não vou mesmo/

BESOURO: Tá tudo uma merda, não adianta fugir.

VAREJEIRA 1: Muita padaria boa em Lisboa/doces bárbaros/tem uma prima que foi/deu dicas/Madonna tá morando lá/

BESOURO: No meio do caos abandona sua terra/dá de asas e foda-se?

VAREJEIRA 1: Naturalmente, foda-se/sim/nem ovo aqui quero/ meus oitocentos ovos/europeus agora. E você/ idiota/fica aí trabalhando pra esses insetos parasitas comendo cocô.

BESOURO: Eu tô no auge da minha força/posso ajudar aqui/quero.

VAREJEIRA: Besouro titã/pica das galáxias/solta essa tanajura/é agora ou nunca/se for esperar/grilos/gafanhotos/louva-a-deus/extinguir essas pragas/ não estaremos vivas.

BESOURO: Xô, Varejeira!

Tempo. Voa até Besouro.

VAREJEIRA: Psiu. Ei/coisinho/vambora pra Lisboa.

BESOURO: Se não sair agora mato você.

VAREJEIRA: Vem me comer/joaninha! [*voa para longe*]

BESOURO: É complexo! Quem sou eu?

Entra um outro besouro.

BESOURO 2: Um besouro idiota.

BESOURO: Ainda tenho duas horas no posto.

BESOURO 2: Quero te propor um negócio. [a*ponta um saco com um cadáver dentro. É a cabeça da joaninha*]

BESOURO: Que é isso?

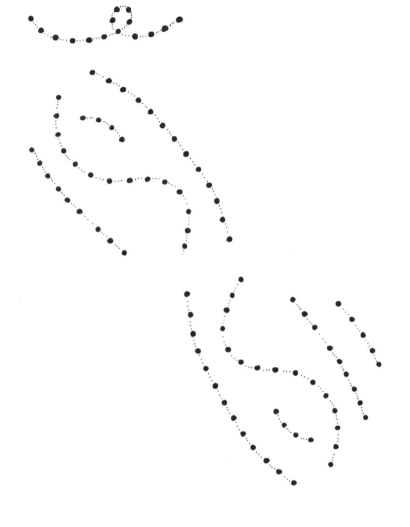

ORIGINAL

BESOURO 2: Um inseto morto.

BESOURO: E tá fazendo o que aqui.

BESOURO 2: Louva-a-deus não comeu/não apareceu ninguém no enterro pra reclamar o defunto. Vou vender.

BESOURO: Enterro vazio, triste.

BESOURO 2: Queria banda de fanfarra? Vazio/cheio/enterro é sempre triste.

BESOURO: Tira daqui.

BESOURO 2: Tá com medo?

BESOURO: Morreu como?

BESOURO 2: De estúpida. Peitou Louva-a-deus de cara/negou uma ordem/aí cortaram a cabeça dele/quer dizer/dela/dele/sei lá/grilo/joaninha/trans/Louva-a-deus não come/mas tem quem queira.

BESOURO: Não negocio mortos.

BESOURO 2: Não precisa fazer nada/eu fecho com as varejeiras/elas revendem/lucro bruto meu/negocio o seu?

BESOURO: Não.

BESOURO 2: A grana é boa/dá pra meter pé daqui.

BESOURO: Pra onde?

BESOURO 2: Lisboa/geral tá indo/bora.

BESOURO: E a guerra?

BESOURO 2: Guerra, mané guerra!

BESOURO: Abandona a nação/no auge da sua força vital?

ORIGINAL

BESOURO 2: Por isso mesmo! Besouro adulto/alguns meses de vida/não quero gastar escravo de Louva-a--deus maluco.

BESOURO: Vai fechar com os gafanhotos?

BESOURO 2: Vou fechar comigo mesmo! E contigo/se topar... diz aí, bora vender o grilo traveco.

BESOURO: Respeita os mortos!

BESOURO 2: Respeita os vivos!

BESOURO: Isso não é lixo!

BESOURO 2: É carcaça!

BESOURO: Mais valorosa que tu vivo/carcaça que morreu em combate! Merece respeito! Tu mesmo não é capaz de enfrentar um louva-a-deus.

BESOURO 2: Essa praga come até morcego! Quem combate?

BESOURO: Ela combateu.

BESOURO 2: Ela se explodiu!/Desculpa, prefiro Lisboa.

BESOURO: Covarde!

BESOURO 2: Ah/tá! Corajoso é tu?! Aqui feito dois de paus/mandado! Louva-a-deus fala/Besouro faz! Tudo que seu mestre mandar!

BESOURO: Louva-a-deus traz ordem!

BESOURO 2: Louva-a-deus é safado/e do que ele gosta/eu gosto em dobro: vou vender isso aqui/mando cartão-postal de Portugal!

BESOURO: Me dá o corpo.

BESOURO 2: [*ri*] Malandrinho/quer negociar sozinho?

ADAPTAÇÃO

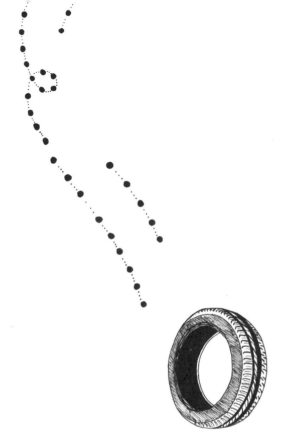

BESOURO: Enterra de volta.

BESOURO 2: Jura? Você é desses?

BESOURO: Esse corpo não é propriedade sua/devolve ou...

BESOURO 2: Diz aí/nacionalista/se eu não te der você faz o quê?

Sem resposta.

BESOURO 2: Besouro come bosta/caga regra/tô querendo fechar parceria/mudar de vida/deixar merda pra trás/tá esperando o quê?/Não virá!/Paz mundial/harmonia geral/a cura de tudo/o cântico dos cânticos/terra sem fim/justiça pra todos/fim do foro privilegiado/Madagascar/Shangri-lá/paraíso/não virá! Vai ficar aí sentado/com essa cara de cu/com câimbra/pois vai demorar muito esse mundo ideal/seu/rolar/se rolar. E posso ser sincero? O que me espanta não são insetos como eles/que eu sei bem os motivos que movem/pois são bem meus também/o que me espanta são insetos como tu/bem-intencionado/ignorante/altamente perigoso.

Os dois besouros lutam. Duas varejeiras voando vendo a luta.

VAREJEIRA 1: Que isso?

VAREJEIRA 2: Dois pobres lutando até se matar/gafanhotos e louva-a-deus patrocinam/acontece desde Nero/acho.

**MARIPOSA/BORBOLETA TINHAM COMPARECIDO
NA CENA 7 DO ORIGINAL**

VAREJEIRA 1: Você é tão culta.

VAREJEIRA 2: Olha ali! [*apontando*]

VAREJEIRA 1: Que foi?

VAREJEIRA 2: O defunto tá ali, tá vendo?

VAREJEIRA 1: ... a gente vai roubar? A gente já vende morto no mercado/vai sujar nossa imagem varejeira...

VAREJEIRA 2: Ahã. Qual seria a graça da guerra? [*já roubando*] Mete o pé!

Os besouros ainda lutando. Besouro mata Besouro 2.

8. MARIPOSA/BORBOLETA

Mariposa bebe junto com Encosto, seu amigo. Atrás dela, uma pilha de corpos e membros de insetos mortos. Borboleta entra.

MARIPOSA: [*respira*] A noite é das mariposas/o dia é das borboletas/o que tá fazendo aqui?

TRADUTOR: Você deve explicações pra Louva-a-deus.

MARIPOSA: Devo?

TRADUTOR: Nova ordem. [*tempo*] Soubemos que as últimas larvas de abelhas foram roubadas e trazidas pra cá. Louva-a-deus quer as larvas.

Mariposa pega uma bebida e serve no copo.

TRADUTOR: Não bebo, obrigada.

MARIPOSA: É mel.

TRADUTOR: Como conseguiu?!

MARIPOSA: Quer comprar?

Tradutor se espanta.

MARIPOSA: Vocês borboletas são tão engraçadas... o jeito. Chegam aqui/se sentem melhor que as mariposas/mesmo tendo vindo do mesmo casulo/ cheias de marra/asinha pra cima/querem/mas não têm nada pra oferecer em troca?

Tradutor tira uma joia e entrega.

MARIPOSA: Tá pouco...

Tradutor tira mais joias e entrega.

MARIPOSA: Ih... muito pouco... Mais! Quero mais! Mel é caro...

Tradutor dá as suas duas tiaras. Mariposa serve mais mel. Tradutor bebe.

TRADUTOR: Eu te paguei/agora fala. Quero saber das larvas.

MARIPOSA: Louva-a-deus vai pegar as larvas e dar de mamar?

TRADUTOR: Louva-a-deus vai restabelecer a ordem natural das coisas.

MARIPOSA: E as coisas naturais lá têm ordem? As coisas naturais são livres/

ENCOSTO: Livres...

MARIPOSA: Laicas/

ENCOSTO: Laicas...

MARIPOSA: Soltas!

ENCOSTO: Soltas...

MARIPOSA: Não é, Encosto?

ENCOSTO: Ô!

MARIPOSA: Vocês querem a doença/não querem a cura/ com a doença Louva-a-deus diz que é remédio/e mete goela abaixo.

TRADUTOR: Eu te paguei. Não foge do assunto/fala. Quem comprou as larvas?

MARIPOSA: [*se aproxima, discreta, contrariada*] Um casal de gafanhotos me comprou as larvas/avisei que a mercadoria era sensível/a esposa disse que tinha construído um esconderijo pra guardar/ num *resort*/como é a palavra? Barco? Banco...? Não... Era alguma coisa com B... Bun...

TRADUTOR: Balaio?

MARIPOSA: Não...

ADAPTAÇÃO

ENCOSTO: *Bunker!*

MARIPOSA: Isso. Bom, acabou seu tempo. [*recolhe o copo da mão do Tradutor*] Bom te ver, prima. Tem mais nada aqui pra tu.

BARATA: [*grita da montanha morta de insetos, é apenas uma cabeça falante*] Tem/sim! Tem eu aqui! Manda um recado praquele Louva-a-deus filho da puta/Diz pra ele que não é o mel que gira a roda do mundo. Ele explora a ignorância dos insetos menores/desarticula o pensamento/e quando a gente reage ele manda matar/porque é isso que ele faz, manda matar!

TRADUTOR: Prima, que é isso?

BARATA: Não, não faz assim. Tô aqui abrindo o coração pra você. Primeiramente, mais respeito. Posso ser só uma cabeça, mas ainda sou uma barata. Tenho dignidade.

MARIPOSA: [*joga um pedaço de inseto nele*] Cala a boca! Vai dormir!

BARATA: [*para Tradutor*] Só um momento. [*para Mariposa*] Bruxa velha! Pensa que eu tenho medo de você, piranha? [*de volta para Tradutor*] Sobrevivi ao Raid, SBP/vou sobreviver à sua cara feia também. Tá na nossa mão, parceira!

TRADUTOR: Parceira?

BARATA: Isso, tá na nossa mão! Quer dizer/minha mão tá a 13 quilômetros daqui/mas escuta, se a gente se unir/formigas/moscas/geral/vira o jogo/não é a gente que precisa deles/contrário/captou?

TRADUTOR: Abelhas polinizam/cigarras cantam/borboletas dão beleza... Baratas/mariposas/formigas/

ORIGINAL

108

moscas... Quem quer perto? Vocês dão asco. Só servem pra copular e gerar mão de obra barata. Vocês são muito importantes onde estão. Exatamente. Você e seus 560 ovinhos. Sua parceria é com a servidão/sem direito a aposentadoria/feito essa velha.

Tradutor parece estar sufocando.

MARIPOSA: Que foi? Tá sufocando? Afrouxa a gravata, Borboleta! [*Mariposa ri, enquanto Tradutor sufoca*] O gato comeu sua língua? Para de mamar geleia real e vai carregar a sua folhinha.

BARATA: Bruxa velha! Envenenou a Borboleta! Gostei!

Borboleta sufocando até a morte. Mariposa arrasta o corpo pra pilha de insetos mortos. As duas moscas-varejeiras aparecem carregando o saco de cadáver. Mariposa pega bagagem pra ir embora.

VAREJEIRA 1: Viemos negociar.

MARIPOSA: Estamos fechados hoje.

VAREJEIRA 1: Um inseto raro/trans.

MARIPOSA: Xô, Varejeira! Já disse/hoje não negocio/

VAREJEIRA 1: Está de partida?

MARIPOSA: Vou visitar uma prima libélula. Quando voltar te aviso.

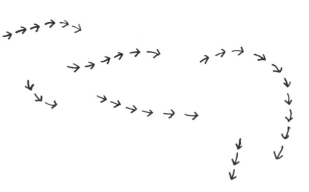

ORIGINAL

VAREJEIRA 1: Estamos numa guerra/vai viajar bem na hora de lucrar?

MARIPOSA: Não lhe devo satisfação/xô, Varejeira! Não quero comprar nada!

VAREJEIRA 2: Isso é uma borboleta? Sempre quis ter um par de asas de borboleta/compra/amor.

MARIPOSA: Meu uber chegou, desculpa/vai embora.

VAREJEIRA 1: Correndo assim/ou ganhou na loteria ou matou alguém e tá fugindo.

BARATA: Como tu sabe? Quem te contou?

VAREJEIRA 1: Uma negociadora da noite/negando uma oferta de compra...

MARIPOSA: Essa barata foi meu pior negócio/deveria ter comprado a parte sem boca.

VAREJEIRA 1: Tá fugindo?

MARIPOSA: Ganhei na Loto e tô indo passar um tempo em Honolulu. Satisfeita?

VAREJEIRA 2: Meu sonho essa asa, amor!

VAREJEIRA 1: Quebra essa pra mim, Mariposa/em nome da nossa amizade.

MARIPOSA: Não sou sua amiga.

VAREJEIRA 1: Dos nossos negócios! Tanto tempo trabalhando juntos/deixa eu dar essa felicidade pra minha esposa/a gente só quer que...

MARIPOSA: Tá, mosca chata/não vai parar de zunir/né/Ok, cada asa cem.

VAREJEIRA 1: Que facada! Tá o olho! Cem pelas duas e o inseto trans de quebra.

ADAPTAÇÃO

111

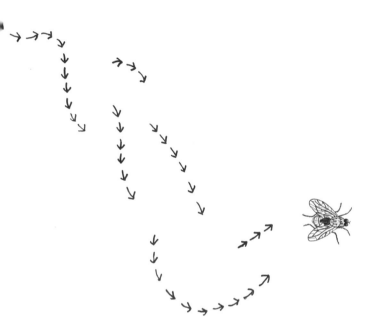

MARIPOSA: Isso aqui é borboleta-azul, amado, coisa boa é cara.

VAREJEIRA 1: Acabou de falar que tá rica/dá um desconto.

MARIPOSA: Cento e cinquenta as duas, e de brinde leva a cabeça de barata.

BARATA: De brinde? Coisa mais humilhante!

MARIPOSA: Essa é a oferta, é pagar ou largar.

VAREJEIRA 1: [*fala no ouvido da outra mosca, legenda da fala*] Tá caro, amor.

VAREJEIRA 2: [*faz o mesmo, legenda*] Nunca te pedi nada/eu quero as asas.

VAREJEIRA 1: [*suspira saturada, legenda*] E a barata?

VAREJEIRA 2: Nem de graça.

MARIPOSA: Vambora/casal/não tenho a noite toda.

VAREJEIRA 1: Cento e trinta as duas asas/sem a Barata/pode ser?

BARATA: A humilhação não acaba, é isso?

MARIPOSA: Te faço por 120, se levar a Barata junto.

BARATA: Bruxa velha!

VAREJEIRA 1: Barata sai caro. Cento e trinta só as asas mesmo, obrigado.

MARIPOSA: Negócio fechado!

VAREJEIRAS: *Money!*

Número musical da dupla de varejeiras, versão brasileira da música "Money, Money", do filme Cabaret.

LEGENDA 9: CUPINS

Cupins em escombros, em volta de um mapa, traçando uma estratégia.

CUPIM 1: Olha aqui... a colônia deles fica desse lado. Essa rota faz fronteira com outras seis colônias. Surpreender o inimigo é não dar espaço para que reaja. A melhor defesa é o ataque. Metade da artilharia vai por terra/outra em nuvem/cerca aqui/e ao meu comando/detonamos esse/esse/esse/esse/esse/esse/esse/esse formigueiro. Precisamos exterminá-las/elas protegem os ovos do Louva-a-deus. Exterminando as formigas/dominaremos um território estratégico pra nossa rota comercial. Matando as formigas/os ovos do Louva-a-deus ficarão vulneráveis. Poderemos negociar um resgate com eles/em troca de domínio territorial. Ou poderemos nos aliar aos gafanhotos/Estão perdendo/mas concentram recursos naturais e bélicos que nos servem. São minoria agora/não recusariam nossa oferta. Estaremos com os gafanhotos e louva-a-deus nas nossas patas. Quem der o melhor lance leva.

CUPIM 2: E as formigas, senhor?

CUPIM 1: As operárias serão as primeiras a morrer, na linha de frente. Assim a rainha estará desprotegida/invade o núcleo do formigueiro/rouba a rainha/arranca a cabeça dela e pendura num poste de exemplo pras outras. Assim evitaremos uma rebelião, estarão tão frágeis/facilmente extermináveis. Com o território das formigas/ocuparemos um lugar poderoso nessa guerra. Não é bom?

9. CUPINS

Cupins em escombros, em volta de um mapa, traçando uma estratégia.

CUPIM 1: Senhores.

CUPINS: Senhor.

CUPIM 1: A colônia deles fica desse lado. Essa rota faz fronteira com outras seis colônias. Metade da artilharia vai por terra/outra em nuvem/cerca aqui/e ao meu comando/detonamos esse/esse/esse/esse/esse/esse/esse/esse formigueiro. Precisamos exterminá-los/eles protegem os ovos do Louva-a-deus. Ocupando os formigueiros/os ovos do Louva-a-deus ficarão vulneráveis. Poderemos negociar um resgate com eles/em troca de domínio territorial/território estratégico pra nossa rota comercial. Ou poderemos nos aliar aos gafanhotos/estão perdendo/mas concentram recursos naturais e bélicos que nos servem/são minoria agora/não recusariam nossa oferta. Estaremos com os gafanhotos e Louva-a-deus nas nossas patas. Quem der o melhor lance leva.

CUPIM 2: E as formigas, senhor?

CUPIM 1: As operárias serão as primeiras a morrer, na linha de frente. Assim a rainha estará desprotegida/invade o núcleo do formigueiro/rouba a rainha/arranca a cabeça dela e pendura num poste de exemplo pras outras. Estarão tão frágeis/facilmente extermináveis.

CUPIM 2: Mas como vamos justificar os bombardeios, senhor?

CUPIM 2: Sim, senhor. Mas como vamos justificar os bombardeios pra nação unida dos insetos, senhor?

CUPIM 1: Diremos que fomos atacados primeiro.

CUPIM 2: Mas isso não é verdade, senhor.

CUPIM 1: A verdade nada mais é que um fato alternativo.

CUPIM 2: Mas precisa matar as formigas pra isso, senhor? Elas poderiam ser nossas aliadas também.

CUPIM 1: Teria um aliado perigoso?

CUPIM 2: [*ri*] Quem tem medo de uma formiga, senhor?

CUPIM 1: [*ri*] Realmente, cadete. Quem tem medo de uma formiga, não é? Elas são tão insignificantes...

CUPINS: [*concordam*] Muito insignificantes! Sim! Merdinhas.

CUPIM 1: Elas são operárias, não pensam/têm medo de tudo/vivem alienadas em seus formigueiros/tão inofensivas/tão pequenas... como... como uma gota de nada... Não é mesmo?

CUPINS: [*concordam*] São gotinhas, senhor! Estúpidas! Quem tem medo, senhor?

CUPIM 1: [*joga uma gota em Cupim 2*] Não é nada, né?

Cupins rindo.

CUPIM 2: Nada! São insignificantes, senhor!

CUPIM 1: E mais uma formiga... [*joga outra gota*]

CUPIM 1: Diremos que fomos atacados primeiro.

CUPIM 2: Mas isso não é verdade, senhor.

CUPIM 1: A verdade nada mais é que um fato alternativo.

CUPIM 2: Mas precisa matar as formigas, senhor? Elas poderiam ser nossas aliadas também.

CUPIM 1: Muito perigoso.

CUPIM 2: [*ri*] Quem tem medo de uma formiga, senhor?

CUPIM 1: [*ri*] Realmente, cadete. Quem tem medo de uma formiga, não é? Elas são tão insignificantes...

CUPINS: [*concordam*] Muito insignificantes! Sim! Merdinhas.

CUPIM 1: Elas são operárias, não pensam/têm medo de tudo/vivem alienadas em seus formigueiros/tão inofensivas/tão pequenas... como... como uma gota de nada... Não é mesmo?

CUPINS: [*concordam*] São gotinhas, senhor! Estúpidas! Quem tem medo, senhor?

CUPIM 1: [*joga uma gota em Cupim 2*] Não é nada, né?

Cupins rindo.

CUPIM 2: Nada! São insignificantes, senhor!

CUPIM 1: E mais uma formiga... [*joga outra gota*]

CUPIM 2: [*rindo*] Nem senti, senhor!

CUPIM 1: E outra?

CUPIM 2: [*rindo*] Nem senti, senhor!

CUPIM 1: E outra?

CUPIM 2: Faz nem cosquinha!

CUPIM 1: E um formigueiro inteiro? [*afoga a cabeça de Cupim 2 no tanque de água*]

Cupim 2 se debatendo, sem conseguir respirar.

CUPIM 1: [*fala enquanto afoga Cupim 2, que se debate*] Consegue reagir a formigueiro inteiro, cadete? [*Cupim 2 dentro d'água, se debatendo, sem coseguir responder*] São só gotinhas de nada! Agora sente cada gotinha de nada entrando em suas vias respiratórias/cada gotinha de nada somada aos segundos do seu desespero/cada gotinha de nada ameaçando sua vida por completo/cada gotinha de nada calando sua voz/seus sentidos/seus instintos. Compreendem agora? [*para os outros cupins*] Estamos numa guerra! As formigas se espalharam/estão se organizando/dominando terreno/estão empoderadas. Tratamos como minoria/mas já representam mais da metade dos insetos no mundo. Eram escravas e hoje ascenderam socialmente/graças a nós, cupins, que estamos perdendo espaço/e na natureza quando uma colônia se sobrepõe a outra/a colônia menor é dizimada. A natureza é selvagem/não há regras nem misericórdia/é matar ou morrer. E nós somos cupins/não podemos nos igualar às formigas/Destruímos em massa/arranha-céu colocamos abaixo/ ninguém nos controla/nós controlamos/é

CUPIM 2: Faz nem cosquinha!

CUPIM 1: E um formigueiro inteiro? [*afoga a cabeça do Cupim 2 no tanque de água*]

Cupim 2 se debatendo, sem conseguir respirar.

CUPIM 1: [*fala enquanto afoga Cupim 2, que se debate*] E um formigueiro inteiro? Consegue reagir a formigueiro inteiro, senhor? [*Cupim 2 dentro d'água, se debatendo, sem conseguir responder*] São só gotinhas de nada! Agora sente cada gotinha de nada entrando em suas vias respiratórias/cada gotinha de nada somada aos segundos do seu desespero/cada gotinha de nada ameaçando sua vida por completo/cada gotinha de nada calando sua voz/seus sentidos/ seus instintos [*Cupim 2 morre*] Compreendem agora? [*para os outros cupins*] Estamos numa guerra! As formigas se espalharam/estão se organizando/dominando terreno. Tratamos como minoria/mas já representam mais da metade dos insetos no mundo. Eram escravas e hoje ascenderam socialmente/graças a nós, cupins, que estamos perdendo espaço/e na natureza quando uma colônia se sobrepõe a outra/a colônia menor é dizimada. A natureza é selvagem/não há misericórdia/é matar ou morrer/E nós somos cupins/não podemos nos igualar às formigas. Destruímos em massa/arranha-céu colocamos abaixo/ninguém nos controla/nós controlamos/é nosso o poder de entranhar/ devorar tudo por dentro/feito um câncer/implodindo um corpo/que tomba feito um Golias/ vencido/por nós, cupins!/Está na hora de re-

nosso o poder de entranhar/devorar tudo por dentro/feito um câncer/implodindo um corpo/que tomba feito um Golias/vencido por nós/cupins! Está na hora de recuperarmos as rédeas/mostrar quem é dono da Insecta! E colocar as formigas no lugar de onde nunca deveriam ter saído/debaixo da terra!

Cupim 1 é aplaudido, enquanto Cupim 2 vai diminuindo os movimentos até morrer.

LEGENDA 10: FORMIGA

Um cadáver humano sendo dissecado por uma formiga. Enquanto Formiga canta, a legenda é projetada:

Formigas Marabuntas são nativas das Américas Central e do Sul e são ferozes e violentas. Apresentando riscos a vários mamíferos, incluindo os humanos. Essa espécie possui dois dentes frontais e garras, assim como um núcleo venenoso que libera toxinas na carne humana. Essas toxinas agem como ácido quando são expostas à carne e começam a remover a camada da pele. O tamanho da marabunta varia de sete a 12 milímetros. Uma formiga marabunta pode ser facilmente destruída com uma pisada. Um formigueiro devora um ser humano inteiro.

Formiga canta "Avião aeroporto," de Karina Buhr.

cuperarmos as rédeas/mostrar quem manda/e colocar as formigas no lugar de onde nunca deveriam ter saído: debaixo da terra!

Cupim 1 é aplaudido, enquanto Cupim 2 vai diminuindo os movimentos até morrer.

FORMIGA PARTIU DESSA PRA MELHOR NA ADAPTAÇÃO

LEGENDA 11: LIBÉLULAS/MARIMBONDOS

Conversa em meio ao voo.

LIBÉLULA: Veio sozinho?

MARIMBONDO: Sim, você pediu, não foi?

LIBÉLULA: E a Vespa?

MARIMBONDO: Tá estacionada em casa. Fala logo, lavadeira, o que tem de tão urgente?

LIBÉLULA: Encontrei as larvas das abelhas.

MARIMBONDO: Onde?

LIBÉLULA: No *resort* dos gafanhotos.

MARIMBONDO: Como?

LIBÉLULA: Dentro de um *bunker*/Fui me esconder do Louva-a-deus e achei uma colmeia de larvas.

MARIMBONDO: É a nossa chance! Louva-a-deus poupa nossa vida se dermos.

Libélula paralisa o voo.

MARIMBONDO: Que foi?

LIBÉLULA: Não era essa a ideia?

MARIMBONDO: Ficarmos vivos?

LIBÉLULA: Dar as larvas pra Louva-a-deus? De onde tirou isso?

**LIBÉLULAS/MARIMBONDOS DESAPARECERAM
NO TEXTO ADAPTADO**

ADAPTAÇÃO

MARIMBONDO: É lei/a colônia que achar as larvas não é devorada.

LIBÉLULA: Larvas não são de Louva-a-deus/abelhas são livres/dependemos delas/não podem estar no domínio de ninguém.

MARIMBONDO: Até larvas virarem colmeia/Louva-a-deus já comeu todos. Bem ou mal/a intervenção militar traz a ordem/e se dermos a ele o que eles querem/nos deixam em paz/é a alforria de toda uma espécie.

LIBÉLULA: Alforria? Viver censura/controle/exploração/medo? Não é o mel que gira a roda do mundo/é a ignorância/uma pepita valiosa/Exploram a ignorância dos insetos menores/desarticulam o pensamento/impondo a lei do mais forte/mas não é sobre o mais forte/é sobre os mais resistentes/é a lei da natureza/e nós somos os mais resistentes/porque sustentamos eles nas costas/

MARIMBONDO: Do que adianta? Vai manifestar? Vai pra rua? Vai pras redes? A verdade é que por mais que seja óbvia a filha da putice deles/continuam no poder/ditando regras/roendo a ética/na ganância desmedida/mesmo que custe a vida de muitos outros insetos/jogando na nossa cara que tudo é abstração, inclusive as leis/que mudam conforme o vento de quem soprar mais forte/ou der o lance mais alto no acordão. E é isso que quero te propor/um acordão. A gente entrega as larvas pra Louva-a-deus e faz um acordão pra ele absolver as colônias de libélulas e marimbondos, que acha?

ADAPTAÇÃO

Libélula cospe na cara de Marimbondo.

MARIMBONDO: Ninfa idiota! Quer ir contra o Louva-a-deus e a milícia de besouros?

LIBÉLULA: Achei que como parente próximo das abelhas/ você fosse capaz de cuidar delas/mas me enganei. Insetos como você deveriam ser exterminados a tapa! Insetos como você que atravancam a porra toda!

MARIMBONDO: Se me entregar as larvas/não conto pra Louva-a-deus da sua intenção de rebelião.

LIBÉLULA: Não entende? Quanto mais seco/mais eles se proliferam/devoram tudo. As abelhas precisam voltar e expulsar essa praga daqui.

MARIMBONDO: Você está certa. Me entrega as larvas, vou levar pra colônia e cuidaremos delas.

LIBÉLULA: Não confio em você.

MARIMBONDO: E o que vai fazer com elas?

LIBÉLULA: Não te interessa.

MARIMBONDO: Sabe qual é a maior diferença de nós, marimbondos, pras minhas primas abelhas? É que nós não morremos se usarmos nosso ferrão.

Marimbondo ataca Libélula.

ADAPTAÇÃO

LEGENDA 12: PULGA

PULGA: Aí me ligou e falou: tô com a pulga atrás da orelha. Amado, eu não tô atrás da orelha, desculpa. Eu tô na sua frente. E a minha desconfiança não vem do nada. Quando começa a agradar muito/a vir com discursinho/todo organizadinho/cheio de ideiazinhas/mimimi/que viva o povo/sou do povo/meusovo. Pra cima de moá? No meio dessa guerra? Do salve-se quem puder. Eu quero ver fazer. Faz tempo que canto essa pedra... Gafanhotos/louva-a-deus/cupins/tudo farinha do mesmo saco/e dessa farinha/meu amor/meu pirão primeiro, não é o seu. Nunca será. Eu só vou acreditar/acreditar mesmo/quando eu vir a mordomia acabar. Quando eu vir gafanhoto pegar ônibus/cupim estudar em escola pública/louva-a-deus ser atendido na UPA. Devia ser obrigatório! Quer representar a gente? Para de mamar geleia real e vai carregar sua folhinha nas costas que nem as formigas. Por que não? Outros insetos não fazem? Acho justo que quem nos representa faça também. Mas cadê? Quem te mete? A elite política dos insetos é fechada/ interessa cada vez mais que o resto fique de fora/pra eles tocarem a música conforme a dança de quem interessar possa. Precisa de uma reforma/mas não eles reformando/porque daí é só remendo/não muda nada. Tô falando de uma reforma daquelas! É jogar inseticida em geral e começar tudo de novo. Já reparou que Louva-a-deus só emprega parente e quem reza pro mesmo santo? Mas de santo do pau

PULGA FOI ELIMINADA DO TEXTO NA ADAPTAÇÃO

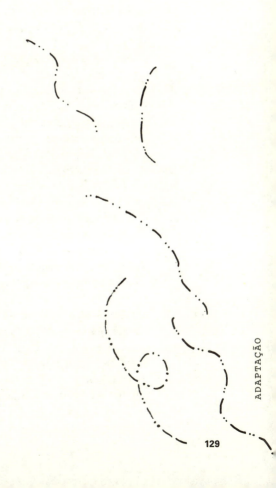

oco Insecta tá cheio. E eu que não dê meus pulos/faça meus malabares, pra não perder o rebolado/do contrário, meu circo pega fogo. É engraçado/porque eles fazem questão que a gente estude/mas repare, não pra criar senso crítico ou reconhecer minimamente as estruturas que regem nossa sociedade/nada! Eles querem operários/querem que a gente saiba contar/armazenar e produzir/por isso não interessa aprender nossa Constituição, não interessa saber/não é pra saber/pra que você quer saber? Precisa ter pra quê? E se você tiver/vai ter que tirar do deles? Quanto menos, melhor/você sabe que tem algo errado, mas não sabe se articular no como. Eles querem a fraqueza/por isso nosso sistema de saúde é uma merda e o inseticídio dos pobres é em massa. Inseto pobre não é pra ficar velho/depois que trabalhou, morre logo, pra não dar trabalho. Eles querem segurança/mas quem vai parar na cadeia é quem não pode comprar um inseto juiz/um inseto ministro/um inseto delegado... aí, quer dizer? Fica mole, né? Até eu quero esse emprego deles. Eles que eu falo são essa corja de insetos rastejantes/parasitas/ que grudaram no sistema e não soltam. Mas a casa vai cair/se não cair/nós derruba/mas pra derrubar/derrubar mesmo/é preciso se indignar/ se espantar/não aceitar/não ceder/ não achar que é normal, é isso mesmo e bola pra frente/ porque diferente dos humanos/nós não temos umbigo/e isso facilita acreditar que não somos o centro do mundo/que tudo isso é uma engrenagem numa rede de abstrações/onde a narrativa é determinada por uma minoria

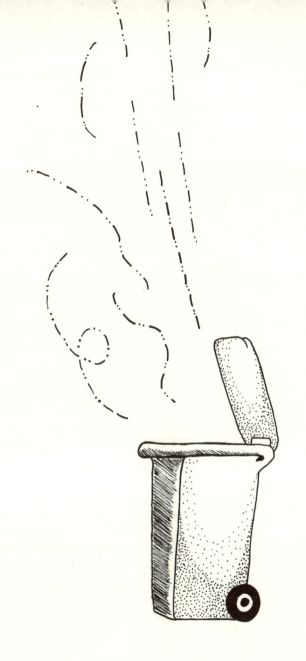

ADAPTAÇÃO

que concentra mais da metade das riquezas do mundo/e não tem como todo mundo ficar rico/esquece essa ideia/não precisa ser gênio pra perceber que essa conta não fecha/precisa de um número bom de pobres pra fazer um milionário/e eu estou indignada /e tô com raiva/porque sou pequena e me sinto impotente diante de tanta safadeza/me sinto feita de babaca/e vejo minhas crias e nem sei o que dizer pra elas/o quê?/"a coisa vai melhorar"?, "um dia a gente chega lá"? Lá onde? Onde é que é lá? Eu tô aqui/cacete! Dando nó em pingo d'água! E a vontade que tenho é de amarrar uma bomba na cabeça/entrar lá e explodir tudo/com todo mundo dentro. Mas a minha vida é muito minha/é meu único bem/e mesmo que seja maltratada/malservida e ignorada/não sou capaz de desperdiçá-la com essas pragas/ porque praga é praga/você mata/nasce mais/ aí eu não sei... Não sei mesmo... esse mundo tem muita coisa linda... Tem muito inseto horroroso... não tô desconfiada só... tô desacreditada. Mas uma vida desacreditada, é uma vida que valha a pena ser vivida?

LEGENDA 13: GRILO

Besouro na sala de espera. Grilo entra com um documento e lhe entrega.

GRILO: Sua nova certidão, agora não és mais um Besouro titã, agora és uma esperança.

10. GRILO/MARIPOSA

Besouro na sala de espera. Grilo entra com um documento e lhe entrega.

GRILO: Sua nova certidão, agora não és mais um Besouro titã, agora és uma esperança.

BESOURO: Esperança? Olha pra mim. Quem vai acreditar que eu sou uma esperança?

GRILO: Relaxa, não vão descobrir, minha grilagem é a melhor de toda a região.

BESOURO: Não posso correr o risco. É melhor eu ir pessoalmente explicar tudo ao Louva-a-deus, pedir perdão, ele é sábio, vai saber julgar o caso com serenidade.

GRILO: Você matou seu colega.

BESOURO: Foi legítima defesa.

GRILO: Ah, sim! Legítima defesa, lógico. Matar um inseto vivo pra defender um inseto morto! O Louva-a-deus vai entender, claro, quem sabe até te entrega uma condecoração de honra ao mérito! Fala sério, Gabi!

BESOURO: Meu nome não é Gabi!

GRILO: [*aponta no documento*] Agora é. Olha, sou seu advogado e não tô aqui pra te julgar/mas você tava com a cabeça quente/fez merda/e o meu conselho é que agora você precisa fugir o mais rápido possível.

BESOURO: Não sei o que fazer em Lisboa...

GRILO: Ficar vivo.

BESOURO: Não quero só ficar vivo/quero viver.

GRILO: Aqui tu não tem nem uma coisa nem outra. Você é um criminoso, Gabi. Escuta/eu também tive meus dias ruins/minha relação com Pinóquio caiu no desgaste, daí uma coisa foi levando a outra/e, bem, não posso dizer que fui muito honesto no final, mas hoje tô aqui,

BESOURO: Esperança? Olha pra mim. Quem vai acreditar que eu sou uma esperança?

GRILO: Relaxa, não vão descobrir, minha grilagem é a melhor de toda a região.

BESOURO: Não posso correr o risco. É melhor eu ir pessoalmente explicar tudo a Louva-a-deus, pedir perdão, ele é sábio, vai saber julgar o caso com serenidade.

GRILO: Você matou seu colega.

BESOURO: Foi legítima defesa.

GRILO: Ah/sim! Legítima defesa/lógico/Matar um inseto vivo pra defender um inseto morto! Louva-a-deus vai entender, claro, quem sabe até, te entrega uma condecoração de honra ao mérito! Fala sério, Gabi!

BESOURO: Meu nome não é Gabi?

GRILO: [*aponta no documento*] Agora é. Olha, sou seu advogado e não tô aqui pra te julgar/mas você tava com a cabeça quente/fez merda/matou soldado besouro/e o meu conselho é que agora você precisa fugir o mais rápido possível.

BESOURO: Não sei o que fazer em Lisboa…

GRILO: Ficar vivo.

BESOURO: Não quero só ficar vivo/quero viver.

GRILO: Aqui tu não tem nem uma coisa nem outra. Você é um criminoso/Gabi. Escuta/eu também tive meus dias ruins/minha relação com Pinóquio caiu no desgaste, daí uma coisa foi levando a outra/e/bem, não posso dizer que fui muito honesto no final, Gepeto ficou puto, mas não tô? Não queria/mas essa é a vida/matar um menino boneco/tem seu ônus!

BESOURO: Eu sou honesto, com princípios!

GRILO: Os honestos com princípios também cometem crimes. Vai por mim, Louva-a-deus não é essa magnanimidade toda. Não vai pensar duas vezes em te matar.

BESOURO: Ele prometeu lealdade aos besouros.

GRILO: Tua ingenuidade é a pólvora do canhão deles. Besouros são muito fortes/e são tão fracos... Mas a decisão é sua. Seu passaporte, passagem, tudo aqui. O que me diz... Gabi?

Telefone toca. Grilo atende.

GRILO: Bette Call Grilo Falante, em que posso ajudar? [*se afastando para manter a discrição da ligação*] Oi, dona Viúva-Negra, foi como eu disse, aqui a especialidade são insetos e não aracnídeos, então, realmente não posso... Quanto? Em *plata* viva? Foi como eu disse, aracnídeos/insetos/todo mundo acha a mesma coisa/não é mesmo?! Então me diga/como matou seu último marido?/Quer dizer, como achou o corpo dele? [*vai saindo ao telefone*]

Besouro sozinho. Entra Marimbondo, com as larvas e Barata.

MARIMBONDO: Grilo Falante?

                    hoje tô aqui, não tô?/Não queria/mas essa é a
                    vida/matar um menino boneco tem seu ônus!

BESOURO: Eu sou honesto, com princípios!

GRILO: Os honestos com princípios também cometem crimes. Vai por mim, Louva-a-deus não é essa magnanimidade toda. Não vai pensar duas vezes em te matar.

BESOURO: Ele prometeu lealdade aos besouros.

GRILO: Tua ingenuidade é a pólvora do canhão deles. Besouros são muito fortes/e são tão fracos... Mas a decisão é sua. Seu passaporte, passagem, tudo aqui. Pensa aí, Gabi.

Telefone toca. Grilo atende.

GRILO: Oi, dona Viúva-Negra, foi como eu disse, aqui a especialidade são insetos e não aracnídeos, então, realmente não posso... Quanto? [*vai saindo ao telefone*]

Besouro sozinho. Entra Mariposa, com as larvas e Barata.

MARIPOSA: Grilo Falante?

BESOURO: Não, eu sou cliente dele... sou uma esperança.

MARIPOSA: [*olha de perto*] Tá certo, eu daqui a pouco serei um percevejo.

BARATA: O cheiro já tá igual, Mariposa nojenta!

BESOURO: Não, eu sou cliente dele... sou uma esperança.

MARIMBONDO: [*olha de perto*] Tá certo, eu daqui a pouco serei um percevejo.

BARATA: O cheiro já tá igual, marimbondo nojento!

MARIMBONDO: Cala a boca a barata maldita! [*para Besouro*] Pra onde está indo?

BESOURO: Lisboa. E você?

MARIMBONDO: Também. Vou vender um lance, pegar uma grana e partir hoje mesmo. Conhece Lisboa?

BESOURO: Não.

MARIMBONDO: Namorei uma vespa de lá. É a lei do retorno.

BESOURO: Como?

MARIMBONDO: Os insetos de lá vieram pra cá e devoraram tudo/agora é o retorno. Olha, quando estiver em Lisboa, dá um toque. A gente se conecta por lá. [*entrega um cartão*]

BESOURO: Você também está fugindo?

MARIMBONDO: Quem aqui não está? Essa é a natureza dos insetos, não é? Fugir.

BARATA: Boa dupla de inseto merda em Lisboa.

MARIMBONDO: Ninguém pediu sua opinião.

BARATA: O circo pegando fogo e vocês fugindo feito baratas!

MARIMBONDO: E tu é o quê?

BARATA: Melhor que tu! Pois eu salvaria minha colônia/ em vez de vender as larvas de abelhas e fugir!

MARIMBONDO: Eu te esmago, Barata filha da puta!

MARIPOSA: Cala a boca, barata maldita! [*para Besouro*] Pra onde está indo?

BESOURO: Lisboa. E você?

MARIPOSA: Também. Conhece Lisboa?

BESOURO: Não.

MARIPOSA: É a lei do retorno. Os insetos de lá vieram pra cá e devoraram tudo/agora é o retorno.

BESOURO: Você também está fugindo?

MARIPOSA: Quem aqui não está?

BARATA: Boa dupla de insetos de merda em Lisboa. O circo pegando fogo e vocês fugindo feito baratas!

MARIPOSA: E tu é o quê?

BARATA: Melhor que tu! Pois eu salvaria minha colônia/ em vez de vender as larvas de abelhas e fugir!

MARIPOSA: Eu te esmago, Barata filha da puta!

Besouro intervém, Mariposa recua.

BESOURO: Você sabe onde estão as larvas?

MARIPOSA: Fala pra caralho!

BARATA: Ela pegou no *resort* dos gafanhotos.

MARIPOSA: Cala a boca! Cabeça de barata filha da puta!

BARATA: Dentro de um *bunker*/uma colmeia de larvas! Agora vai vender.

Besouro intervém, Marimbondo recua.

BARATA: Vai, machão! Cadê? Esmaga barata deficiente física/quero ver bater em vaga-lume!

MARIMBONDO: Sai da minha frente!

BESOURO: As larvas de abelhas não podem ser vendidas.

MARIMBONDO: [*ri*] E vou entregar de bandeja pra Louva-a-deus? Pra quê? Pra me devorar quando eu der as costas?

BARATA: A sua colônia pode cuidar delas até que a colmeia seja refeita. Só assim Louva-a-deus vai embora.

Marimbondo avança, Besouro impede.

MARIMBONDO: Quero matar essa maldita!

BESOURO: Ela tem razão. Esse é o certo a fazer.

MARIMBONDO: Ah, é? Diz aí/"Esperança". As abelhas vão crescer e salvar todo mundo do mal? Abelha-rainha messias. É isso? Acorda. Não tem messias, Esperança. Tá todo mundo no mesmo buraco, cavando mais fundo. Sacou? E não vem com essa de cert... porque se você é cliente do Grilo Falante, coisa certa é que não fez! Agora deixa eu passar e esmagar essa nojeira com minhas próprias patas.

BESOURO: Não.

MARIMBONDO: É minha propriedade/tenho o direito de exterminá-la!

BESOURO: Vender? Larvas?

Mariposa avança na Barata, Besouro impede.

MARIPOSA: É minha propriedade/tenho direito.

BESOURO: Ninguém é propriedade de ninguém.

MARIPOSA: Ah/é?/Diz aí/"Esperança". As abelhas vão crescer e salvar todo mundo do mal? Abelha-rainha messias. É isso? Acorda. Não tem messias, Esperança.

Besouro mata Mariposa e leva a cabeça da Barata com ele.

BESOURO: Ninguém é propriedade de ninguém.

BARATA: Taí meu epitáfio!

MARIMBONDO: Então vamos ver se é mesmo verdade, que "a esperança nunca morre".

Os dois combatem. Escuridão.

LEGENDA 14: VAGA-LUMES

Em meio à escuridão, pontos de luz que se confundem com uma constelação. Os pontos de luz se comunicam. A legenda é projetada:

Diz uma lenda tupinambá que um curumim escolhido por Tupã foi presenteado com poderes de cura, do corpo ou do coração. Lori, filho da luz, foi predestinado por Tupã para combater a maldade. Muitas luas giraram e o corpo e os poderes do curumim alcançaram a maturidade. Uma vez, durante uma caçada com outros índios guerreiros, Lori distanciou-se deles, perseguindo um pássaro ferido por sua flecha. Morá, deusa do mal, aproveitou-se da distração do jovem índio e, para matá-lo, envolveu a floresta em completa escuridão. Os olhos do índio começaram a brilhar tão intensamente, que dissipou-se a escuridão, revelando o rosto da deusa Morá, uma linda índia, pela qual Lori apaixonou-se imediatamente. A deusa usava da sua beleza para atrair e devorar Lori. Tupã, que tudo via, percebendo a artimanha da deusa, desfez a magia e cobriu seu rosto na escuridão. Mas já era tarde, o jovem índio, tomado de amor pela deusa do mal, começou a definhar, encolhendo cada vez mais a cada ciclo lunar. Até que, um dia, encolheu tanto que virou uma minúscula bola

11. VAGA-LUME

Floresta. Barata e Besouro em silêncio.

BARATA: A gente deveria ter um plano.

Sem resposta.

BARATA: Ficar aqui parado, no meio do nada, não ajuda.

Sem resposta.

BARATA: A bruxa era velha e reclamona, mas melhor de papo do que tu.

BESOURO: Cala a boca. Me deixa pensar!

Tempo.

de luz. Tupã, impressionado com o amor de Lori por Morá, lhe deu pequenas asas, para que o jovem pudesse vagar pela escuridão, procurando sua amada, e com sua luz pequenina revelar seu rosto novamente. O vaga-lume aparece nos mais escuros recantos da floresta. É Lori, vaga luz a vagar, tentando envolver a escuridão e assim reencontrar sua amada.

Barata e Besouro em silêncio.

BARATA: A gente deveria ter um plano.

Sem resposta.

BARATA: Ficar aqui parado no meio do nada não ajuda.

Sem resposta.

BARATA: A bruxa era velha e reclamona/mas não era tão ruim de conversa como tu...

Sem resposta.

BARATA: Eu até gostava dela... Matou o Inseto Tradutor. Corajosa! Eu teria ido com ela pra Honululu/se ela não tivesse me passado pras libélulas. Que também não acho lá grande/

BESOURO: Cala a boca. Me deixa pensar!

BARATA: Desculpa, só tô tentando alguma comunicação.

BARATA: Desculpa, só tô tentando algum tipo de comunicação.

BESOURO: Se comunica em silêncio.

Tempo. Barata fala em língua de insetos.

BARATA: Ts ts ts ts ts ts.

BESOURO: Agora são duas mortes, Louva-a-deus não perdoa. Mas se eu entregar as larvas das abelhas para ele/

BARATA: Vai ser devorado assim que virar as costas... além disso, você sabe o que deve ser feito com as larvas.

BESOURO: O quê?

BARATA: Entrega pra sua colônia/é a única capaz de afugentar Louva-a-deus.

BESOURO: Ts ts ts ts ts ts. (Os besouros servem ao Louva-a-deus, é o acordo.)

BARATA: Num tô falando dos besouros/a sua colônia de verdade...

BESOURO: É um documento, não sou uma esperança de verdade.

BARATA: Ts ts ts ts ts. (Falo dos vaga-lumes.)

BESOURO: [*gargalha*] Eu não sou um vaga-lume.

BARATA: Ts ts ts ts ts? (Não?)

BESOURO: Eu sou um besouro titã.

BARATA: Ts ts ts ts ts ts. (Parece mais um vaga-lume.)

BESOURO: Se comunica em silêncio.

BARATA: Ainda não desenvolvi o dom da telepatia/desculpa, eu acho que/

BESOURO: [*aos gritos*] Eu mandei calar a boca!!!!

Tempo.

BESOURO: São duas mortes. Louva-a-deus não perdoa. Mas se eu entregar as larvas pra ele, pode ser que/

BARATA: Grilo Falante não vai te denunciar. Desgrila, cara! [*ri, e vai desanimando a risada*] Olha, numa coisa aquele cara tinha razão: vai ser devorado assim que virar as costas... além disso/ você sabe o que deve ser feito com as larvas.

BESOURO: E o que eu faço com elas?

BARATA: Entrega pra sua colônia/é a única capaz de afugentar Louva-a-deus.

BESOURO: Os besouros servem ao Louva-a-deus/é o acordo/

BARATA: Não falo dos besouros/a sua colônia de verdade...

BESOURO: É um documento, não sou uma esperança de verdade.

BARATA: Falo dos vaga-lumes.

BESOURO: [*estanca*] Eu não sou um vaga-lume.

BARATA: Amor/você é. Você nasceu pra brilhar... Os vaga-lumes conseguem espantar Louva-a-deus.

BESOURO: Ts ts ts ts ts ts! (Eu não sou um vaga-lume... Barata estúpida!)

BARATA: Ah, essa é boa! [*ri*] Você não sabe quem é e eu é que sou estúpida? Olha pra mim, nos meus olhos/me diz: se sente verdadeiramente um besouro?

BESOURO: [*sem resposta*]

BARATA: "Conheça a ti mesmo", é o princípio da coisa...

BESOURO: É complexo!

BARATA: Não sabe quem é, pelo menos seja útil!

BESOURO: Os vaga-lumes estão extintos...

BARATA: Ts ts ts ts ts. (Vaga-lume não acompanha os avanços urbanos/tá fora do jogo.)

BESOURO: Acabaram com as colônias de vaga-lumes.

BARATA: Ts ts ts ts ts ts ts. (Não todas... algumas resistem/nos recantos escuros da floresta eles ainda vivem/ainda/e é pra lá que você deve levar as larvas das abelhas. Só os vaga-lumes podem proteger as larvas do Louva-a-deus.)

BESOURO: Tá bom, como faz para encontrá-lo?

BARATA: Simples! [*pega uma lanterna com a boca*] Siga o caminha da luz, Caroline.

Besouro hesita.

BARATA: E que a força esteja com você!

BESOURO: Eu sou um besouro titã.

BARATA: Desculpa lhe informar, mas você é um vaga-lume. E de vaga-lume eu conheço, já fui casada com dois. Não me olhe assim, sou eclética.

BESOURO: Eu não sou um vaga-lume... Não devo dar ouvidos pra uma barata estúpida.

BARATA: Você não sabe quem é e eu sou estúpida?

BESOURO: Como pode ter tanta certeza do que diz?

BARATA: Olha pra mim, nos meus olhos, e me diz: se sente verdadeiramente como um besouro?

Sem resposta.

BARATA: "Conheça a ti mesmo", é o princípio da coisa...

BESOURO: Os vaga-lumes estão praticamente extintos...

BARATA: Sim/o último governo fez uma reforma agrária "maravilhosa"/e, de quebra, uma usina hidrelétrica de tirar o fôlego em Altamira. Tirou o fôlego do solo/das matas/dos bichos e dos insetos que moravam lá. Sufocou geral! E ninguém liga mesmo, né? Vaga-lume é folclórico/e quem não acompanha os avanços urbanos tá fora do jogo. Não é assim?

BESOURO: Acabaram com as colônias de vaga-lumes.

BARATA: Não todas... algumas resistem/e é pra lá que você deve levar as larvas das abelhas.

BESOURO: Mesmo que tudo isso fosse verdade/eu não teria como encontrá-los.

Besouro acende a sua luz, procura o caminho.

Luz do Besouro revela o Louva-a-deus na escuridão. Louva-a-deus tenta se esconder, não gosta da luz. Besouro passa a procurar o Louva-a-deus.

BESOURO: [*usando como isca*] Eu sei o que você procura. Larvas de abelhas. São as últimas.

Besouro deixa as larvas a certa distância. Louva-a-deus não aparece. A luz, às vezes, alcança seus rastros. Besouro percebe que Louva-a-deus já pegou as larvas. Louva-a-deus desaparece na escuridão. Besouro apaga a luz, quando acende de novo, está cara a cara com Louva-a-deus.

BESOURO: De onde vem? Me diz. De onde vem essa tua escuridão que tudo devora? [*tempo*] É instinto...?

Besouro mata Louva-a-deus. A menina está assustada diante do Besouro dentro da caixa de sapato. Ela fecha a caixa e olha pelo buraco para vê-lo lá dentro.

BESOURO: É complexo! Quem sou eu?

ADAPTAÇÃO

BARATA: Como não? Siga o caminha da luz, Carolaine.

A bunda do Besouro se acende.

BARATA: Que a força esteja com você!

LEGENDA 15: TRAÇA

Traça enfileirando os ovos de Louva-a-deus na ovoteca.

TRAÇA: Você... será o secretário de Segurança! [*etiqueta o ovo*] E você... hum... secretário do Turismo! Boa! [*etiqueta outro ovo*] Você... hum... tá com cara de... secretário da Cultura!!! Perfeito...

Besouro interrompe.

BESOURO: Quero falar com Louva-a-deus.

TRAÇA: Entra na fila ou deixa recado.

BESOURO: Agora!

TRAÇA: Que isso? Nem na biblioteca onde trabalhava era tratada assim, me respeite!

BESOURO: Eu dei uma ordem.

TRAÇA: E você manda o que aqui? Mesmo que mandasse! Não lê os jornais? Ou sites de fofoca? Ela acabou de acasalar, tá de licença-maternidade.

TRAÇA ESCAPULIU DO TEXTO ADAPTADO

ADAPTAÇÃO

BESOURO: Eu sei/por isso trouxe de presente larvas de abelhas.

Traça paralisa para de fazer o que estava fazendo. Se interessa.

TRAÇA: As abelhas morreram.

BESOURO: Não todas.

TRAÇA: Eu entrego a ela... pode me dar.

BESOURO: Pessoalmente. Exijo.

TRAÇA: Mas não posso sair daqui... estou responsável pelos ovos dela.

BESOURO: Imagino que ela não vá gostar de saber que estive aqui com as larvas e você não a avisou...

Traça reflete.

TRAÇA: Tá certo, vou chamá-la... mas não mexa em nada! Essa ninhada vai ser o próximo governo!

Traça sai. Besouro observa os ovos, se aproxima com cuidado, vai tocar em um deles, chega Louva-a-deus, que se movimenta sempre de soslaio.

BESOURO: [*tenso*] Trouxe pra você. Larvas de abelhas. Sei que é o que procura. São as últimas de Insecta.

ADAPTAÇÃO

Louva-a-deus faz um gesto para que Besouro deixe as larvas ali. Ele deixa a certa distância. Louva-a-deus se aproxima, mas antes de pegar...

BESOURO: Vai libertar os insetos da sua tirania? Nos devolver a dignidade? Não era esse seu discurso? Garantir dignidade pra todos? Se voltar pro interesse de quem representa? É pra isso que está no poder, não é? Pro avanço/igualdade/fim da impunidade/distribuição de recursos/reparação histórica? Acessibilidade/educação/segurança/saúde/arte/comida/emprego/casulo/era esse seu discurso, não era? Suas promessas/"a estrutura da paz mundial não pode ser o trabalho de um inseto, ou de um partido, ou uma nação... Não pode ser uma paz de grandes nações – ou de pequenas nações. Deve ser uma paz que se apoie no esforço cooperativo do mundo inteiro". Não foi isso que disse? Prometeu? Pregou? A outra face, amar a todos como se fosse a ti mesmo, não atirar a primeira pedra, perdoar pra ser perdoado, depois da tempestade, a bonança, diante de Deus somos todos iguais... Não é isso? Diz alguma coisa!!!! Por que tanta mentira? Tanta canalhice. Ganância desmedida. Falta de empatia/manipulação perversa De onde vem? Me diz. De onde vem sua escuridão cega que tudo devora? É instinto...?

Louva-a-deus vai atacar Besouro, mas a luz do Besouro se acende, afugentando e cegando Louva-a-deus.

ADAPTAÇÃO

BESOURO: [*iluminado, quebrando os ovos*] Pela paz mundial! Igualdade entre todos! Pela ordem e progresso! E que Deus tenha piedade dessa nação!!!!!

Depois de quebrar os ovos, Besouro mata Louva-a-deus.

LEGENDA 16: PERCEVEJO

Entre o professoral e o discurso político, desliga o slide.

E foi assim, crianças, que o General Besouro tirou o Louva-a-deus do poder e fez a intervenção de segurança dos besouros militares. O que vivíamos aqui em Insecta, crianças, repito, não mais voltará a acontecer. Asseguro! Os gafanhotos compraram joias e apartamentos de luxo roubando vocês/ Louva-a-deus empregou parente e viajou pra Europa com o dinheiro de vocês/os cupins, sempre no Centrão, enchendo o cu de propina do dinheiro de vocês! Mas com os besouros... Ah, crianças... Com os besouros será diferente. Uma vida é fundamentalmente social/moldada pelas circunstâncias históricas e sociológicas nas quais se está vivendo. Para termos uma sociedade justa é preciso construir circunstâncias adequadas. Estamos moldando as circunstâncias adequadas a partir de agora. Uma minoria alienada não é capaz de perceber que uma espécie está mais bem preparada que outras. Enxergam/movem-se/atacam/resistem/percebem de longe o perigo/essa espécie reconhece o interesse real de todas as outras espécies/por isso a maior habilidade e o direito em governar. Chegamos num limite, como vocês puderam ver, a intervenção dos besouros se faz necessária pra garantir a segurança de toda a população de Insecta.

**PERCEVEJO TAMBÉM NÃO COMPARECEU
NA ADAPTAÇÃO**

Eu mesmo, como Governador Percevejo, reconheço que os besouros serão capazes de pôr fim a essa guerra que se arrasta em Insecta. Digo isso, crianças, porque já é sabido que besouros são movidos por princípio, valores, segurança, custe o que custar. A moral da parábola do *Besouro-vaga-lume* pode ser comparada à de *A cigarra e a formiga*/pois na essência de ambas está a clareza de que: trabalho/planejamento/esforço/sacrifício/ordem/disciplina/regras/deveres/vigília garantem uma vida segura. Afinal de contas/num inverno tenebroso/pra que serve uma cigarra vagabunda cantora, não é mesmo? Uma minoria alienada dirá: "Beleza, o negócio tá feio mesmo. Mas não seria o caso de rolar um apoio de verdade pra educação/saúde/habitação/lazer/cultura e trabalho? Afinal a violência também é fruto de desigualdade social, pobreza, desemprego..." Eu vos respondo: Tudo a seu tempo! São planos a loooooooooooooooooongo prazo! Estamos no agora/e o que interessa/realmente/é a nossa segurança. Dela depende nossas vidas, eis a regra do instinto natural de sobrevivência.

Na parábola do besouro-vaga-lume, crianças, o besouro se revela como a luz no fim do túnel. E não sou só eu que digo isso, está nas manchetes/na capa da *PerceVeja*. Percebam! A ordem será restabelecida, a seguraça voltará a reinar em Insecta e cada inseto estará sobre a vigia cautelar/preparar/apontar/fogo dos besouros titãs. Contamos com o apoio de cada inseto cidadão. Não pisem na bola. São novos tempos. Um novo capítulo se risca nos livros da nossa história, crianças, e aqueles que negarem/questionarem a veracidade da fábula, sugerindo fatos alternativos/serão convocados a prestar depoimento/e se não apresentarem provas cabais que provem o que estão falando/responderão à lei, assim como deve ser.

Não, crianças, não façam essa cara de assustadas. Não... Assustadas por quê? Olha o balão... [*pega uma bola e enche*] Olha aqui/ó... Não precisa ter medo. Vai ficar tudo bem. Os

ADAPTAÇÃO

besouros vão cuidar de tudo. É só você ficar quietinho... paradinho... bom menino... nem vai doer.

Estoura a bola.

Em breve, seremos novamente uma nação fortalecida/marchando em família/pátria honrada/sitiada/franqueada/norteada pelo farol do progresso/em direção ao [*começa a falar em alemão, por cima da fala dele a vinheta de abertura do Hino Nacional, corte seco, para*].

LEGENDA 17: ABELHA-RAINHA

A Vênus Platinada pirateando as redes.

Legenda: Interrompemos agora nossa programação.

ABELHA-RAINHA: Primeiramente, fora Dengue. Boa noite, Insecta/Abelha-Rainha pirateando suas antenas/radares/sonares/é preciso estar atento e forte/serei breve/os caras tão de olho/tão de guarda/no rastro/e pra quem acha que morremos/fomos caladas/carta fora do baralho/ouçam:

> Todo poder à boceta. A revolução é feminina. A natureza é feminina. Não é à toa que não a chamamos de pai. Natureza/natura/nascente/nascimento/fertilidade/fecundidade/generosidade/que gesta/grávida/brota/natureza sinuosa/grandiosa/poderosa/bocetuda/tudo no feminino. Não se domina a natureza/não se domina o feminino/uma fêmea, por mais que se tenha

12. ABELHA-RAINHA

A Vênus Platinada pirateando as redes dentro de um barco. Usando um radiotransmissor.

Atenção/insetos. Abelha-Rainha tentando contato. Pirateando antenas/radares/sonares. Serei breve/os caras tão de olho/tão de guarda/no rastro. Pra quem acha que morremos/fomos caladas/controladas/carta fora do baralho/nós estamos em trânsito/como sempre. Se agora tudo está seco/se tudo é pó e cinza/tudo é estéril/morto/eu lhes digo/insetos/ouçam:

Eu poderia abrir as portas que dão pra dentro
Percorrer correndo os corredores em silêncio
Perder as paredes aparentes do edifício
Penetrar num labirinto de labirintos
Dentro do apartamento...
Sim

Mas... eu prefiro abrir as janelas pra que entrem: todos os insetos...

medo e reconheça a potência dela. É a boceta que devora/e que te coloca pra fora/é dela a antropofagia das entranhas/gritando aos quatro ventos as dores do parto/num berro/cachoeira acima/pronta pra inundar e lavar/derrubar/romper/com tudo que estiver pela frente/e nós vamos botar seu pau abaixo. Porque se é com o pau que se bate/é com a boceta que se revira/transgride/sangra/goza/pari/engole/água... E aguar é o melhor estado vivo/quando se faz água/quando o mel escorre/quando fica molhadinha/quando saliva/sua/chora/baba/mija/ voltamos à essência elementar da vida. Do que somos feitos/se tudo está seco/se tudo é pó e cinzas/tudo é estéril/morto. E a revolução virá pela vida/e não pela morte.

Feita pro amor e não pra guerra. Meu corpo não é maldição/meu corpo é potência! Guerras botam as cartas nas mesas/isso não posso negar/deixa claro que não é do interesse de governos como o atual reduzir privilégios dos mais ricos/taxar grandes fortunas/suspender vantagens oferecidas às empresas/redistribuir a renda/diminuindo a violência geral.

Guerras revelam/escancaram. Tá tudo escancarado. Corpos/gêneros/etnias/cores/classes/ sexualidade/língua/credo. É pelo controle dos corpos que se dá a disputa de poder. Impor a regra a esses corpos é a coroa do rei. E eu/monarca que sou/duvido da realeza dessa coroa/ de espinhos/enfiada goela abaixo. [*charmosa*] Mas/ei/fascistas...

Ei, tá ouvindo, ninguém mais acredita em suas fábulas ralas/rala! Rala! Rala/fascista! Mandei

Risos. Improviso de música.

Mas quero as janelas abrir
Para que o sol possa vir
Iluminar nosso amor

Mais risos. Cantam mais duas ou três músicas. Escuridão.

ralaaaar! Seremos um enxame/uma nuvem pesada/trovejando/resistentes/sem arregar/todxs nós/juntos/sacudindo/até desabar a chuva/e vai cair um pé-d'água!/Uma boceta d'água! Porque essa avalanche ninguém segura/operárias/rainhas/cantoras/putas/bruxas/belas/recatadas/do lar/de quem? O lar é de quem? E a natureza não é o lar do planeta? Pergunto. Então, senhorxs... a "do lar" é a dona da porra toda? Pergunto. E se a abelha acabar no mundo/tudo que tá vivo morre? Pergunto. Então, eu, Abelha-Rainha sou de verdade a dona da porra toda? Deixa eu pensar...

Um enxame de abelhas domina tudo.

FIM

FIM

Perspectivas para uma polifonia
Sobre o processo de encenação
e adaptação da peça *Insetos*

A peça se chamaria *Insetos*. Seria escrita por Jô Bilac, marcaria os trinta anos da Cia. dos Atores e proporia partir de situações análogas entre insetos e humanos. Era só o que eu sabia ao encerrar a conversa com César Augusto pelo telefone, um papo curto em que ele me convidava para dirigir a companhia que tinha sido uma das mais fortes referências no meu processo de formação como artista de teatro. Nos primeiros encontros, os atores e Jô falaram sobre ideias, interesses, referências. Falaram sobre o desejo de transitar entre o cômico e o poético, a ideia de compor um mosaico em vez de uma unidade fabular e a necessidade de comunicação direta com o público em geral, ou seja, uma peça com alto grau de legibilidade. Esses foram os meus principais balizadores num processo de criação que começaria sem um texto, sem um índice, um roteiro ou uma escaleta, personagens ou qualquer coisa parecida. O que eu tinha era o universo fascinante dos insetos, um quarteto de atores munidos de um arsenal de memórias "inesgotáveis" e uma vida real ao redor, nos surpreendendo a cada minuto com fatos, os mais extraordinários e incoerentes.

Começamos por mergulhar no mundo exótico e quase invisível dos insetos. Enquanto Jô Bilac escrevia as primeiras cenas, nós articulávamos em sala de ensaio, eu e os atores, o comportamento (individual e coletivo) dos insetos com o da espécie humana no mundo atual: nossa natureza primitiva essencial e elementar em contraponto aos nossos complexos (des)organismos sociais e suas irregulares relações de poder, possíveis apenas pelo privilégio da inteligência e pela extraordinária evolução morfológica do corpo humano.

Ao nos serem enviadas as primeiras cenas,[*] nos vimos diante de analogias potentes como a do casal de gafanhotos num *resort* de luxo imaginando transformar reservas florestais em campos de golfe; ou a barata como representação das classes mais pobres condenadas ao subterrâneo e à periferia por serem consideradas uma ameaça ao bem-estar de uma elite que se considera "asséptica". *Insetos*, não menos que qualquer outra obra de arte, seria capaz de abordar temas complexos e delicados, uma vez que a ficção opera no discurso indireto. Através da fábula, do lúdico, é possível expor a mazela, a doença, o tabu, o horror sem explicitá-lo. Eis aí o poder da poesia. E mais: é possível dar ao discurso uma certa polifonia, perspectivas variadas, pontos de vista

---

[*] Considero importante que o leitor saiba que o autor nunca esteve em sala de ensaio com o elenco. Os textos eram enviados por e--mail de maneira fragmentada com alguma frequência, o que nos proporcionou uma imensa liberdade criativa e, de alguma forma, justifica as fortes intervenções que fizemos na dramaturgia textual a partir das experiências da cena.

e contradições; o que torna o discurso mais aberto e até mesmo possível em alguns casos.

Outra característica forte foi o aspecto performativo, implícito nos textos que Jô Bilac nos enviava. Muitos deles pareciam revelar espaços que funcionavam como esponjas capazes de sugar de nós uma gama de referências, memórias e perspectivas pessoais da realidade. Poderíamos fazer diversas analogias a partir da mesma circunstância e escolher o que revelar e o que deixar implícito para que os espectadores pudessem também fazer suas próprias conexões. O texto parecia ser escrito como pretexto para a elaboração de uma dramaturgia da cena, dos atores, aberto para o atravessamento de outras vozes e perspectivas do mundo real. Vivemos em um tempo em que as teorias parecem não acompanhar a velocidade dos acontecimentos, os discursos envelhecem antes mesmo de serem compreendidos, o que torna arriscado tomar partido, levantar bandeira, afirmar posições, expor certezas. Um espetáculo que fala sobre o ser humano na atualidade e pretende estar em cartaz por, no mínimo, um ano, precisa estar atento ao risco das transformações e das instabilidades dos discursos assumidos para não se tornar anacrônico em pouquíssimo tempo. O que é atual em março pode não ser mais em junho, ou mais: o que é atual hoje muito provavelmente não era ontem. Além disso, o meu olhar para a atualidade naquele início de processo era apenas _uma_ perspectiva daquela atualidade naquele momento da minha vida. O mundo é outro na semana seguinte e meu olhar também, uma vez que se modifica com ele. Pensando assim, não só o mundo mudava, como nós artistas em processo também nos transformávamos. Éramos cinco no início e em uma semana éramos 15, em um mês éramos cem. Dessa forma nos ocupamos não só em compreender ou se apropriar, mas em invadir a voz e o discurso do autor que também parecia se modificar no caminho. Nós o devoramos e o regurgitamos no plural, na polifonia dos discursos verbais, imagéticos e sonoros que compõem a complexidade de uma peça que não tenta dar conta da atualidade (até porque isso não seria possível), mas que, ao contrário, se abre para ela, para ser modificada por ela a cada novo fato ou acontecimento.

Rodrigo Portella
Diretor teatral

Insetos
Cia. dos Atores

Eles chegaram aos trinta anos. Tinha eu 15 e já estavam mudando a cena teatral brasileira. A companhia instituiu perspectivas próprias, ecoando suas concepções estéticas e *modus operandi* a jovens criadores brasileiros. Em suas investigações, a estrutura de uma prosódia própria, a liberdade de uma fala que reinventa a presença em cena como se não houvesse cena e tampouco se limita ao naturalismo. O teatro incessantemente assumido, mais divertido do que talvez Brecht pudesse ter sugerido (o que é bom até para o alemão), em jogos de exposições das estruturas teatrais que se completam com especiais momentos de introspecções. Assim, seus espetáculos vão aos espectadores e os atraem à cena apenas pelos imaginativo e dialógico. E propuseram mais: a instauração do objeto em cena, ampliando o reconhecimento da presença do *performer* por sua condição de corpo-objeto e do objeto mesmo enquanto presença narrativa por intrincadas sobreposições simbólicas dadas pela movimentação e readequação dos elementos, algumas vezes com pistas falsas, outras acumulando percurso até sua intenção final. Há também uma indiscutível particularidade na construção de suas dramaturgias, sejam textos clássicos ou contemporâneos: nunca limitam-se aos dizeres, interessam-se mais pelo que é dito e quanto neles permanece verbo no presente. Portanto, nunca há outro tempo, mas o presente, instante de urgência e compreensão de o agora ser sempre o agora. Trinta anos. E este parágrafo serve somente de respiro inicial à potência do que ofereceram. Oferecem... Permanecem sob a radicalidade do presente e em ação, ainda que diferentes.

Era final dos anos 1980. Fim oficial da censura, nova Constituição brasileira, Sarney, assassinato de Chico Mendes, primeiro título de Ayrton Senna, Hollywood Rock. No Rio, o prefeito Saturnino Braga, antes de abandonar o cargo, decretou falência. Moreira Franco era o governador, que décadas depois foi nomeado ministro de Minas e Energia, tentando privatizar a Eletrobras. No turbilhão de sentimentos dos cariocas, nascia a Cia. dos Atores. Até aqui, aconteceu de tudo. Cabral e seu recorde de dezenas de acusações; Cunha se tornou quem se tornou; os neopentecostais chegaram ao poder e desmontaram a estrutura cultural local; a milícia divide os morros com traficantes e as ruas não separam mais os disfarces burgueses; o Exército ocupa a cidade em intervenção oficial; Marielle foi assassinada. O Rio, que ganhou uma Olimpíada e outra Copa do Mundo, descobriu que espírito esportivo não faz parte da política, e segue em seu projeto eficiente de desumanização dos cidadãos.

A esse ponto, você deve estar se perguntando se vim falar de teatro ou de política. No entanto, é possível ao Rio de Janeiro não tratar os assuntos como iguais? Talvez o mais cruel seja isso: impedir a arte de reinventar o humano, de criar o civilizatório, de oferecer devaneios poéticos e sensibilizações inesperadas. Chegou, assim, a Cia. dos Atores ao hoje. Reinventando-se, redescobrindo-se, atualizando-se, inquieta. Trouxe para dentro as gerações seguintes. Sempre o Presente. O dramaturgo Jô Bilac já é parceiro inestimável. Juntou-se à comemoração o jovem e talentoso diretor Rodrigo Portella. E a reunião destes com os fundadores Cesar Augusto, Marcelo Olinto, Marcelo Valle, Gustavo Gasparini e Susana Ribeiro é um acerto especial. Continuam cúmplices, divertidamente singulares em cena, com especial atenção à inesgotável capacidade de Olinto em erguer vocabulários estéticos pelo corpo. Mas como falar do agora, tomar partido desconfiando do lado que se está, dizer e apontar sem nomear, ser simbolicamente explícito e superar o gesto acusativo, investigar quanto as estruturas de poder são tão sistêmicas e inerentes ao social que criamos? Insetos.

Entre louva-a-deus e baratas, joaninha trans e um panteão arquetípico de outros personagens redefinem representação, participação e pertencimento brasileiros. Se os políticos estão em seus domínios, também nós, insetos comuns, surgimos nessa sociedade em golpe. Superando a alegoria de instituir valores aos acontecimentos, o espectador é provocado a se reconhecer em insetos diversos e em lados diferentes. Somos um tanto de cada sem a pureza com que justificamos ao mundo; o paradoxo à deriva de insetos multifacetados em busca de uma melhor definição. Em meio a pneus, os atores reinventam o palco a cada movimento da fábula por uma fisicalidade esgotante. É como se precisassem tornar visível o cansaço a que estamos submetidos diante das decepções, descobertas, confirmações, perdas, agressões, destruições, ilusões. Aquilo que para nós é psicológico, em cena é concreto. Não se trata, porém, do excesso como amplitude, mas como estrutura de isolamento e anulação. Os insetos são apenas pequenas partes de uma ambiência que os protege e produz. E de quem será a culpa por haver tantos deles, por se reproduzirem em um meio disponível ou de quem não se preocupou em limpar os pneus? Por falar sobre o Rio, *Insetos* escancara a face do país. E ela é aterrorizante. Os louva-a-deus estão mais próximos de reinar do que os gafanhotos. Escolha complexa, quando se sabe quanto gafanhotos são destrutivos. Um besouro titã então... Será ele, com seu casco duro e militarizado, a força reativa?

Entramos em uma encruzilhada complexa que nos aponta quaisquer das ruas como riscos efetivos. A ambiência tomada por insetos está doente, apodrecida. Ou, por estar assim, foi tomada por eles. Não há mais como descobrir, não há tempo. É o que nos avisa a Cia. dos Atores, pela primeira vez olhando para o futuro. Um bote, um palco oceano, o equilíbrio coletivo, um segura a perda de outro que apoia o braço de alguém, enquanto as cantigas dos espetáculos criados reativam o léxico humano dos artistas, não mais dos personagens. O sutil reencontro entre eles, entre pessoas, entre aquelas pessoas, faz do futuro o norte novo. A Cia. dos Atores aceita a condição do desconhecido por vir e projeta o movimento de ida, seja para onde for. Sem dúvida o momento mais íntimo e belo do espetáculo.

No reinvento poético desse gesto, na proposição ousada da escrita única de Jô Bilac, em que palavras se fundem enquanto correm por sentidos, os atores tateiam outras tentativas de dizer e existir. Há mistérios a serem encontrados nos tempos que não cabem à naturalidade: quanto a naturalidade, tal como a projetávamos, perdeu-se diante de tempos complexos que nos requerem posições e posturas constantes? Como sermos, quando destituíram nosso direito de apenas sermos? E como representar essa outra condição? Quais os códigos que ainda cabem às narrativas dadas aos objetos, qual presença o simbólico é capaz de oferecer? Se há respostas, dependerá do tempo, pois precisam ser experimentadas a fim de reinventarem os atributos próprios do teatro. A Cia. dos Atores reativa por meio de seus espetáculos recentes a possibilidade de os próximos trinta anos exigirem perguntas e invenções. Antes de ser de atores, parece-me mesmo mais uma companhia de artistas. E artistas, ao contrário de apenas bons profissionais, são a expansão máxima das inquietações urgentes. Ah, esse fundamental e raro teatro feito por artistas.

Ruy Filho
Editor da revista *Antro Positivo*, crítico de
artes cênicas, diretor e dramaturgo

Breve relato dos 30 anos da Cia. dos Atores

Em 2018, comemoramos 30 anos de existência. Os muitos trabalhos realizados ao longo desse tempo trazem traços marcantes e recorrentes, além da utilização de múltiplos segmentos narrativos: verbal, visual e corporal.
Em 1988 realizamos aquele que seria considerado o primeiro trabalho do grupo: *Rua Cordelier – tempo e morte de Jean-Paul Marat*, com André Barros, Enrique Diaz, Marcelo Olinto e Susana Ribeiro. Em 1990, o espetáculo *A Bao A Qu (Um lance de dados)* formou aquela que seria conhecida como a Cia. dos Atores, com André Barros, Bel Garcia, Cesar Augusto, Drica Moraes, Enrique Diaz, Gustavo Gasparani, Marcelo Olinto, Marcelo Valle, Susana Ribeiro, e a participação de atores associados: Anna Cotrim e Alexandre Akerman. Em 1995, André Barros se desliga do grupo.

Através de processos criativos, descobrimos afinidades artísticas e assim produzimos vários espetáculos ao longo desses anos: os já citados *Rua Cordelier – tempo e morte de Jean-Paul Marat* e *A Bao A Qu (Um lance de dados)*; *A morta*; *Só eles sabem*; *Cidades invisíveis*; *A babá*; *Melodrama*; *Tristão e Isolda*; *João e o pé de feijão*; *O enfermeiro*; *Cobaias de Satã*; *Melo – Pocket*; *O Rei da Vela*; *Meu destino é pecar*; *Ensaio.HAMLET*; *Notícias Cariocas*: *Autopeças 1* (composta de *Os vermes*, *Talvez*, *Apropriação*®, *Bait Man*, *Esta propriedade está condenada*, a leitura do texto *Édipo rei* e uma videoinstalação); *Devassa – Segundo a caixa de Pandora*; *O espírito da terra*; e *Autopeças 2 – Peças de encaixar*.

Viajamos pelo Brasil (passando por cidades como São Paulo, Belo Horizonte, Brasília, Salvador, Porto Alegre, Caxias do Sul, Curitiba, Londrina, João Pessoa, Recife e mais 32 cidades do interior do estado paulistano) e para fora do Brasil, nas Américas do Sul, Central e do Norte (Buenos Aires – Argentina; Bogotá – Colômbia; Santiago – Chile; San Juan – Porto Rico; Miami, Fort Lauderdale e Nova York – Estados Unidos), e Europa (Lisboa e Almada – Portugal; Cádiz e Barcelona – Espanha; Berlim – Alemanha; Moscou – Rússia; Varna – Bulgária; Paris, Lyon, Tarbes, Bayonne, Biarritz, Strasbourg, Molhouse, Noisiel e Malakoff – França). Recebemos alguns prêmios: Molière, Shell RJ, Shell SP, Mambembe RJ, Mambembe SP, APCA, Sharp, Qualidade Brasil, Cesgranrio, APTR e Questão de Crítica.

Em 2011, Drica Moraes se desliga do grupo e em 2012 sai Enrique Diaz. Em comemoração aos 25 anos do grupo, formado por Bel Garcia (*in memoriam*), Cesar Augusto, Marcelo Olinto, Marcelo Valle, Gustavo Gasparani e Susana Ribeiro, produzimos três espetáculos, celebrando a trajetória da Cia. dos Atores. No segundo semestre de 2013, apresentamos *LaborAtorial*, texto de Diogo Liberano com direção de Cesar Augusto e Simon Will, do coletivo Gob Squad, e *Como estou hoje*, texto e direção de João Saldanha, juntamente com *Conselho de classe*, de Jô Bilac, com direção de Bel Garcia e Susana Ribeiro, e que conquistou os prêmios Cesgranrio (nas categorias de melhor espetáculo, texto, direção e cenário), Shell RJ (melhor cenário), Questão de Crítica (melhor cenário), APTR (melhor texto, direção e ator) e FITA (melhor espetáculo). Esses três trabalhos se apresentaram no Festival de Curitiba e em unidades do Sesc SP – Belenzinho e Ipiranga.

Conselho de classe teve mais de uma centena de apresentações e passou a fazer parte do repertório da Cia. Em 2018, com temporadas nas unidades Rio de Janeiro, Brasília, São Paulo e Belo Horizonte, a Cia. também se apresentou no Festival de Curitiba e no Palco Giratório de Porto Alegre. A montagem de *Insetos*, segunda parceria com o dramaturgo Jô Bilac, celebra os trinta anos da Cia. dos Atores, e conta com a direção de Rodrigo Portella e o patrocínio do Centro Cultural Banco do Brasil.

Vida longa à Cia. dos Atores.

© Editora de Livros Cobogó, 2018
© Jô Bilac

Editora-chefe
Isabel Diegues

Supervisor geral
Cesar Augusto

Colaboradores
Susana Ribeiro e Celso Lemos

Editora
Fernanda Paraguassu

Gerente de produção
Melina Bial

Revisor final
Eduardo Carneiro

Ilustradora
Beli Araújo

Projeto gráfico e diagramação
Mari Taboada

Capa
Radiográfico

CIP-BRASIL. CATALOGAÇÃO-NA-FONTE
SINDICATO NACIONAL DOS EDITORES DE LIVROS, RJ

Bilac, Jô, 1985-
B492i   Insetos / Jô Bilac.- 1. ed.- Rio de Janeiro : Cobogó, 2018.
184 p.; 19 cm. (Dramaturgia)

ISBN 978-85-55910-59-3

1. Teatro brasileiro (Literatura). I. Título. II. Série.

18-50507   CDD: 869.2
                                                CDU: 82-2(81)

Leandra Felix da Cruz- Bibliotecária- CRB-7/6135

Nesta edição, foi respeitado o Acordo Ortográfico da Língua Portuguesa de 1990, que entrou em vigor no Brasil em 2009.

Todos os direitos em língua portuguesa reservados à
Editora de Livros Cobogó Ltda.
Rua Jardim Botânico, 635/406
Rio de Janeiro — RJ — 22470-050
www.cobogo.com.br

Outros títulos desta coleção:

ALGUÉM ACABA DE MORRER LÁ FORA, de Jô Bilac

NINGUÉM FALOU QUE SERIA FÁCIL, de Felipe Rocha

TRABALHOS DE AMORES QUASE PERDIDOS, de Pedro Brício

NEM UM DIA SE PASSA SEM NOTÍCIAS SUAS, de Daniela Pereira de Carvalho

OS ESTONIANOS, de Julia Spadaccini

PONTO DE FUGA, de Rodrigo Nogueira

POR ELISE, de Grace Passô

MARCHA PARA ZENTURO, de Grace Passô

AMORES SURDOS, de Grace Passô

CONGRESSO INTERNACIONAL DO MEDO, de Grace Passô

IN ON IT | A PRIMEIRA VISTA, de Daniel MacIvor

INCÊNDIOS, de Wajdi Mouawad

CINE MONSTRO, de Daniel MacIvor

CONSELHO DE CLASSE, de Jô Bilac

CARA DE CAVALO, de Pedro Kosovski

GARRAS CURVAS E UM CANTO SEDUTOR, de Daniele Avila Small

OS MAMUTES, de Jô Bilac

INFÂNCIA, TIROS E PLUMAS, de Jô Bilac

NEM MESMO TODO O OCEANO, adaptação de Inez Viana do romance de Alcione Araújo

NÔMADES, de Marcio Abreu e Patrick Pessoa

CARANGUEJO OVERDRIVE, de Pedro Kosovski

BR-TRANS, de Silvero Pereira

KRUM, de Hanoch Levin

MARÉ/PROJETO bRASIL, de Marcio Abreu

AS PALAVRAS E AS COISAS, de Pedro Brício

MATA TEU PAI, de Grace Passô

ÃRRÃ, de Vinicius Calderoni

JANIS, de Diogo Liberano

NÃO NEM NADA, de Vinicius Calderoni

CHORUME, de Vinicius Calderoni

GUANABARA CANIBAL, de Pedro Kosovski

TOM NA FAZENDA, de Michel Marc Bouchard

OS ARQUEÓLOGOS, de Vinicius Calderoni

ESCUTA!, de Francisco Ohana

ROSE, de Cecilia Ripoll

O ENIGMA DO BOM DIA, de Olga Almeida

A ÚLTIMA PEÇA, de Inez Viana

BURAQUINHOS OU O VENTO É INIMIGO DO PICUMÃ, de Jhonny Salaberg

PASSARINHO, de Ana Kutner

A PAZ PERPÉTUA, de Juan Mayorga
Tradução Aderbal Freire-Filho

APRÈS MOI, LE DÉLUGE (DEPOIS DE MIM, O DILÚVIO),
de Lluïsa Cunillé
Tradução Marcio Meirelles

ATRA BÍLIS, de Laila Ripoll
Tradução Hugo Rodas

CACHORRO MORTO NA LAVANDERIA: OS FORTES, de Angélica Liddell
Tradução Beatriz Sayad

DENTRO DA TERRA, de José Manuel Mora
Tradução Roberto Alvim

MÜNCHAUSEN, de Lucía Vilanova
Tradução Pedro Brício

NN12, de Gracia Morales
Tradução Gilberto Gawronski

O PRINCÍPIO DE ARQUIMEDES, de Josep Maria Miró i Coromina
Tradução Luís Artur Nunes

OS CORPOS PERDIDOS, de José Manuel Mora
Tradução Cibele Forjaz

CLIFF (PRECIPÍCIO), de Alberto Conejero López
Tradução Fernando Yamamoto

2018

1ª impressão

Este livro foi composto em Univers.
Impresso pelo Grupo SmartPrinter
sobre papel Bold LD 70g/m².